Der Mythos. Eine wahnsinnige Vorlesung.
Das Buch ist biographisch, als auch wissenschaftlich motiviert und
erzählt von der letzten möglichen öffentlich gemachten Vorlesung
einer bedeutenden sowjetischen Kulturforscherin Sophia Zalmanovna
Aggranovitsch. Die stilistische Ausführung des Werks, das unorthodoxe
exzentrische Layout wollen klassisch in einer Art Entsprechung von
Form und Inhalt der Wissenschaftlerin Tribut zollen. Inhaltlich wurden die Sachverhalte der Vorlesungen von Aggranowitsch w e s e n t l i
c h erweitert und selbstständig systematisiert, stellen also unsere eigene
Leistung dar.

Den wissenschaftlichen Apparat einzufügen war ganz unsere Initiative.
Wir hatten auch zum Ziel, die Person der Wissenschaftlerin, ihre Verve
und Kolorit einzufangen, diese Exzentrizität aber sowohl dem akademi-
schen, wie auch einem breiteren Publikum zur Verfügeng zu stellen.
Die „Assistenzfiguren" und Orte sind zum Teil frei erfunden.

Wir bedanken uns ausdrücklich bei der Rektorin der Humanwissen-
schaftlichen Fakultät der Universität Samara für die freundliche Ge-
nehmigung, die Verdienste von Sophia Aggranovitsch würdevoll darzu-
stellen.

1. Auflage 2021

Bibliografische Information der Deutschen Nationalbibliothek ver-
zeichnet diese Publikation in der Deutschen Nationalbibliografie;
detaillierte bibliographische Daten sind im Internet über dnb.dnb.de
abrufbar.

© 2021 Ewgenij Naschpitz-Tumarkin
Herstellung und Verlag: BoD- Books on Demand, Norderstedt

ISBN: 978-3-7543-1187-5

1. Wohl eine Wahnsinnige. Eine Psychoanalyse

1. Hysteras Rede (Vorrede)

In einem Irrenhaus (unser Irrenhaus, um genauer zu sein) unweit der Stadt H. wurde eine sechzigjährige Frau freiwillig eingewiesen, welche von sich behauptete, die W e i s h e i t zu sein. Sie sprach in mehreren Stimmen, behandelte viele Sachverhalte, die sich teilweise logisch widersprachen, richtete sich an verschiedene Personen und gab den Anschein, sie würde mit einem Kreis von Menschen sprechen, sie beim Namen zu kennen und mit ihnen zu Tische zu sitzen. Ferner hat sie den Vorsatz geäußert, Sigmund Freud „die Ohren abzuschrauben" und dafür ein bisschen im Gefängnis zu sitzen. Da Sigmund Freud leider bereits verstorben ist, gaben wir der Polizei keine Notiz diesbezüglich.

Auf begründete Nachfrage gab das Standesamt zur Notiz, die Frau sei 1996 nach Deutschland eingereist, ansonsten waren keine Ortswechsel bekannt. Sie ging keiner Arbeit nach und schien versorgt zu sein. Daher sahen wir keinen Anhalt, die Frau mit Medikamenten zu trätieren.
Wahrscheinlich ist sie mit den jüdischen Kontingentflüchtlingen eingereist, sie galt als Waise, hatte weder Vater noch Mutter: ein trauriges Kriegsschicksal. Sie war weder Russin, noch Jüdin, noch Kosmopolitin:

Sie wurde auch, wie man bei uns sagt, in einer somatischen Klinik „abgefangen" und zu uns gebracht. Eigentlich litt sie an einem Lungenemphysem und bekam unwillkürliche rezidivierende Hustenanfälle, die sich besonders in Frühjahr und im Herbst periodisch verschlechterten. Ob sie noch am Leben ist, kann ich nicht sagen, wünsche ihr aber beste Genesung. Seit ich der Geschichte zugehört habe, wusste ich selbst nicht mehr Sachverhalt von Wahn zu unterscheiden, hoffe aber in den nächsten Tagen wieder zur oberärztlichen Routine zurückzufinden. Es geht zunächst um eine wilde, ja verheerende Beschreibung der Psychoanalyse und später wird der Text im Fluss der Gedanken breiter, so dass die Verleger, also ich und mein Assistenzarzt, Mühe hatten, eine druckfähige Ordnung zu finden. Dabei handelte es sich allen Anschein um eine Vorlesung, welche sie an einer nicht zu kennzeichnenden Universität gehalten hat. Vor allem geht es um Fragmente von nationalen Mythen und Mythos überhaupt, welche Erzählerin noch nicht zu einer Gesamttheorie verbinden konnte. Auch scheinen religiöse bzw. anthropologische Überzeugungen der Vortragenden tendenziös die Ideologie des Kommunismus und des objektiven Idealismus zu repetieren. Sie war links, so!

Im Übrigen werden Märchen analysiert. Als wissenschaftliche Arbeit dürfte die Schrift kaum für die Studierenden relevant sein, der Künstler und manch ein verschrobener Typ werden allerdings nicht enttäuscht werden. Daher war ich auch selbst sehr an einer Drucklegung interessiert gewesen. Ehrlich gesagt, war ich selbst fasziniert von ihren Schlussfolgerungen, ihren Verbindungen zur modernen und klassischen Literatur und sogar zum Antiken Griechenland. Ich habe sie gut behandelt, ihr ein Einzelzimmer zugewiesen und während sie erzählte, hielt und streichelte ein Assistenzarzt ihre innere Unterarmfläche, um sie zu beruhigen.
Sie werden mit dem Wissen konfrontiert, das sie bereits ahnten.
Wenn Sie Schriftsteller oder Künstlerin sind, werden Sie hier wertvolles finden, Sie werden die inneren Kräftelinien von fiktionalen Werken kennenlernen, ohne die jede Literatur und jede Metapher fad und tot ist.
Sie werden sich sicherlich fragen, was aus dieser Frau geworden ist? Die Antwort werden wir vielleicht am Ende dieser Schrift bekommen.

Ich wünsche viel Vergnügen bei der Lektüre (und bleiben Sie gesund. (Nicht, dass ich es ernst meinte, ich wäre sonst meinen Job los!)

Prof. Dr. mult. Dr. h.c. Zimmerling-Winzer, Leitender Oberarzt

Sondervotum: Sie sprach wie ein Medium. Manchmal konnte man deuten, was sie sprach, manchmal blickte sie ins Leere. Das Manuskript haben wir im Layout impressionistisch mit vielen Initialen gestaltet, weil dies ihren Vortragstil gut verkörpert. (Zwar war ich für eine konventionellere Gestaltung gewesen, aber mein Chef wollte es anders.)
Dem Leser bitten wir um Nachsicht für diese Layout- Exzentrizität, weil diese begründet ist.
Stattdessen haben wir ihre Worte dort mit Zitaten untermauert, um ihre unerkannte Qualität einer großen Wissenschaftlerin deutlich werden zu lassen. Ein Prophet gilt nicht im eigenen Land, daher gaben wir uns Mühe, das Werk auch gut für mögliche Übersetzungen in Fremdsprachen zu gestalten. Wir verzichteten weitgehend auf wissenschaftliche Fachsprache, denn wir sind überzeugt, dass man mit jedem Menschen, auch mit einem Autisten über Philosophie reden kann. Warum dies so ist, das wissen wir noch nicht, doch jeder füllt sich bei einem philosophischen Ansprechen berufen, sofort zu antworten, denn der Mensch ist ein geistiges Wesen.
P.S. Menschen, die sich nicht für Psychoanalyse interessieren, können ab S.31 zu lesen beginnen.

Einleitung

Ich hielt es noch für angebracht, eine Art Einleitung zu dem exzentrischen Text zu schreiben und konventionell darzulegen, worum es dieser Professorin überhaupt ging.

Der Ansatz für die Architektur des gesamten Textes bietet wohl das platonische „Gastmahl" und andere Gespräche, welche zu fröhlichem und ernsten Miteinander gehalten zu werden pflegten. Keineswegs ist der Aufbau harmlos. Oft ähnelt er auch den Aufbauschemata von Marquis de Sade. Die Sprache ist manchmal jugendlich, manchmal salopp.

Es scheinen sich mehrere Personen die folgenden Texte gesagt zu haben. Zunächst behandelt eine gewisse Judith die Psychoanalyse ab.
Von einer Bewertung dieses Pamphlets möchte ich Abstand nehmen, wenn auch ein psychotisch konsistentes, aber subjektives Weltbild skizziert wird. Dabei wird nosologisches Wissen aus der Wissenschaft der Psychiatrie wild verbaut. Beachtlich ist die Einsicht in die Innenwelt der sog. „Hysterikerinnen." Auch die Kenntnis von Sigmund Freud ist erbaulich.

Die Ortschaft scheint irgendwo zwischen Neapel und Salerno gelegen zu sein. Der genaue Standpunkt ist allerdings schwierig ausfindig zu machen. Es ist die Rede von einer oben gelegenen Abtei, auch von einem lokalisierbaren alten Weinberg an der Grenze zu Kalabrien.

Aber bestimmend für die Atmosphäre ist durchgehend die Bucht von Neapel.

Der zweite Teil erscheint mir wesentlich mehr einer Einführung würdig zu sein, und umsomehr begreife ich meine Mängel als Herausgeber.
Es spricht eine gewisse „Sophia," welche im Verlauf des Textes andeutet, sie sei die „Weisheit." Sie bietet einen sehr dichten informativen Text, wenngleich dieser lückenhaft und fragmentarisch erscheint. Er vermag einen Leser zu bereichern und zu inspirieren.

Es geht offenbar zuerst um die Bausteine einer Wissenschaft vom Mythos, ihre Abhandlung und ihre Grundkonstanten, oder vielmehr um „Mittelbegriffe" wie *die mythologische Universalie* und *mythologische Trope.*
Die mythologische Universalie ist ein Objekt, und die Trope ist die Verwendung dieses Objektes in einem transtextuellen Verhältnis.

Z.B., wenn Shakespeare schreibt: „Rosenkrantz und Güldenstern," dann ist dem gebildeten Publikum des elisabethanischen Zeitalters klar, dass die katholische Kirche und die bürgerlichen Gilden Hamlet alleine lassen.
Sie haben vor, sich mit jeder Unrechtherrschaft, welche zweifelhafte Stabilität garantiert, zu arrangieren. Dies ist eine metaphorisch-metonymische Verwendung im eigentlichen Sinne. Eher ein Codewort, als eine Metapher.

Die mythologische Universalienbewegung passiert anders. Es gibt ein in den Kulturschichten sedimentiertes Objekt, eine mythologische Universalie, z.B. „Der Faden."

Ein Faden lässt mit sich sehr viel machen *und* er ist nicht Apriori entstanden. Er ist als der Konvergenzpunkt von menschlicher vektorähnlicher Intentionalität, z.b. des geraden Blicks, des radialen Blicks, des verdinglichten Zeitstrahls, etc. auslegen.

Er lässt sich sogar ausweiten und generiert selbst Tropen wie: der Blick, der Radius des Pfeil-Vektors, der Blick im Verhältnis zum in der Ferne aufleuchtenden Kerzenlichts und so weiter.

Er ist selbst zugleich die hylé, (ὕλη, stoffliches Substrat, formbarer Urstoff, Altgr., Anm. d. Verf.), der stoffliche metonyme Träger dieser intentionalen Gesten als Knoten, Quasten an der Uniform des Soldaten und des Offiziers, des Prälaten und des Kardinals.
Er ist ein materielles Zeichen für den Pfeil des Amors, dessen Vektor er als stofflicher Träger ist.

Ferner liefert die Rednerin ein System von Kategorien, welche sie bzgl. ihrer Zahl und Ordnung nicht begründet oder auseinander herleitet. Die wichtigsten Begriffe operandi stammen aus der Linguistik und sind „Semantisierung" und „Desemantisierung," welche mit den Begriffen: „Archaik" und „Moderne" enggeführt werden. Führt ein Vorgang zu einer Spezialisierung oder einer Vereinfachung oder Aufgabenteilung einer Tatsache, (oder einer Gebrauchssache) so sieht sie einen Vorgang der Desemantisierung am Werk. Dieser Vorgang ist aber eher als eine Einbahnstraße zu verstehen.

Die Archaik ist demnach hoch semantisiert und ihre Inhalte treten gar nicht als Teile in Erscheinung. Z.B. wissen wir immer noch nicht genau, warum der Übergang zwischen Wachen und Schlafen für das Individuum ungreifbar, außerhalb seines Bewusstseins, ist. Allerdings immer dann, wenn ein Vorgang in die technische, ja cartesianische Zerstückelung eingetreten, der Vorgang der Desemantsierung dennoch noch nicht abgeschlossen ist, entsteht ein „archaisches Vakuum" und das unaussprechbar Archaische sucht sich durch Sprache oder andere Körperfunktionen, z.b. durch Gesten oder Primärkörperfunktionen Ausgang nach außen, in einen anderen Raum der logischen Möglichkeiten bzw. Anwendungen.

Und etwas reagiert in uns auf diese Entwicklung. Exemplarisch steht dafür. der Besen.

Unsere Patientin hat vieles geschafft und wenig systematisiert. Sie konnte verborgene Kräftelinien mancher Romane und Gemälde offenlegen. Um dies zu erfahren, müssen Sie das Buch lesen, aber auch gehörig Phantasie mitbringen, um in diesem Universum ein bisschen zu leben und ihm den logischen Raum zu geben, den er verdient.

Ich wünsche dem Leser viel Vergnügen und verspreche, dass er nach der Lektüre, wenn nicht klüger, so doch reicher seiner Seele gegenüberstehen werde. Ich wünsche dem ambitionierten Schriftsteller und Literaten und Kunstwissenschaftler dieses postmoderne Werk möge ihn auf den Pfad der Tat setzten ohne die Kritiker zu scheuen. Niemand hat auch nur einem Kritiker ein Denkmal gesetzt!
Habt Mut, dieses Buch ist für Euch!

Kroll, Assistenzarzt
P.S. Mitschrift ist beigefügt.

2. (Nicht zu entziffern.)

...Dies liegt zum Teil daran, dass man die archaische Bedeutung des Ding-und Sinnzusammenhangs, welcher bei allen Kulturen eine vergleichbare Logik aufweist, verloren hatte. Wir bewegen uns durch die Welt wie Teilchen in der Brown'schen Molekularbewegung, was dazu führt, dass wir weder stehen noch gehen: unsere Lage ist höchstens prekär.

Da entstand die Idee, eine lustige Vorlesung zu halten, welche feste ernste Abstoßungspunkte bieten kann, indem sie ihre Entstehung reflektiert, den Leser und den Autor nicht überfordert, eine Universal-Dramaturgie schreibt, um sich in einer durch und durch digitalisierten Welt Europas und Asiens zu den verborgenen Tatsachen der uns umgebenden Welt durchzuringen. So gelange man, so die Idee dabei, aus der Garagestube des Bastlers auch an die Herzen der Menschen und bereite den Lesern eine gute Unterhaltung mit einem Mehrwert.

Die Dichter, selber Nomaden, sprachen stets zu den Herzen der Menschen dadurch, indem sie den Dingen ihre archaische, frühere, alte Bedeutung teilweise zurückgaben. So eröffneten sie das Verborgene, indem sie sich selbst allerdings in die Nähe der Psychose brachten, wo ihr Gesprächsinhalt den Kontakt mit dem Realen verlor und niemanden mehr mit ihnen sprach.

Ihre Aufgabe war es allemal, für etwas, wofür es keine Worte gab, Worte zu finden. Dafür war es notwendig, Sätze zu generieren, oder gar längere Texte; dies geschah, weil unbedingt der Andere das erfahren musste, was zu erfahren galt: denn daran hing das Leben oder das Verenden der Gattung Mensch oder zumindest des eigenen Stammes.

Dabei ist das Lesen dieses Buches nicht ungefährlich, vor allem für die Autoren, wenn sie nicht von den Meeresstürmen, welche die Götter dem abtrünnigen Pythagoreer sandten, nicht bereits vor dem Schreiben kapitulieren. Es ist gefährlich, weil es vom Leser den Glauben erheischt. Und jeder Glaube ist gefährlich.

Wir werden daher nicht formal erklären, warum das so oder so ist. Weitgehend verzichten wir auf Zitate.

Wir wollen exemplarisch an wenigen explizit antisystematischen, das bedeutet nicht: unsystematischen, ausgewählten Dingen und sprachlichen Konzepten ihre archaische Bedeutung hinweisen und so Brücken bauen.

Ein Blick auf die Internetlandschaft und man erfährt, es wimmelt von Wölfen, Elfen, Orkhs, Muggs, Obscurs, (weniger von Muggls), Drachen, Hasen, Schlangen, Skorpionen und anderem Getier.

Ein rational denkender Mensch mag da verzweifeln, denn die menschliche Würde scheint im Angesicht der digitalisierten Welt nicht mehr ertragbar geworden zu sein.

Kaum wachte der Mensch aus seiner selbstverschuldeten Unmündigkeit auf, schon trug er sein Schlafzimmer in einen Zoo. Die Kinder wie die Heranwachsenden betrachten Bären in einem Zoo als Kuscheltiere. Man verwechselt gerne das Symbolische und das Reale.

Umberto Eco stellte sich manchmal (vergebens zwar) als Gesellschaftskritiker und schrieb bereits darüber in seinen früheren Kolumnen, genannt: „Streichholzbriefe" folgendes. Das folgende hat sich bereits vor einiger Zeit in New York zugetragen.

„Central Park, zoologischer Garten. Einige Kinder spielen beim Becken der Eisbären. Einer der Jungen fordert die anderen heraus, ins Becken zu springen und zwischen den Bären hindurchzuschwimmen. Um die Freunde ins Wasser zu treiben versteckt er ihnen die Kleider, die Jungs tauchen ein, plantschen um einen friedlich dösenden riesigen Bären herum, necken und foppen ihn, der Bär wird ärgerlich, hebt eine Tatze und verschlingt oder vielmehr zerfleischt zwei Kinder, die Reste läßt er zerstückelt liegen. Die Polizei kommt herbeigeeilt, sogar der Bürgermeister erscheint, man diskutiert, ob der Bär getötet werden muß, man gibt zu, dass es nicht seine Schuld war, es werden ein paar eindrucksvolle Artikel geschrieben. Sieh da, die Kinder hatten spanische Namen: Puerto-Ricaner also, womöglich dunkelhäutige, vielleicht vor kurzem erst angekommen, jedenfalls erpicht auf Bravourstücke, wie es bei allen Jugendlichen vorkommt, die sich in den Armenvierteln zu Banden zusammenrotten. (...) An diesem Punkt habe ich mich gefragt, ob die Kinder gerade deshalb ins Becken gesprungen sind, weil sie dem Fernsehen glaubten und zur Schule gingen. (...)" [i]

Nicht jeder kann die nordische Mythologie oder die Mythologie der Völker studieren, (wo klar wird, dass Bären keine Kuscheltiere sind) um die Sachlage auch nur ein wenig in den Griff zu bekommen, um hinter der Logik des Wahns (Psychose) die richtigen Narrativa, die Kräftelinien der Werke zu sehen. Nun sollen unsere medizinischen partiellen und berechtigten Betrachtungen diese sehr wichtigen humanistischen Studien nicht ersetzen. Wir singen über Philosophie, wie die Troubadours es getan haben, wenn wir hier in der Klinik gerade nichts zu tun haben und nicht wieder eine ältere Klarinettenspielerin eingewiesen wird.

Um uns herum steht ein alter Brunnen, Wasserspeier, Zitronenbäume, ein Feigenbaum, der unverschämt viele Früchte trägt, um quasi sogar Jesus davon zu überzeugen, seine Worte zu überdenken.
Es laufen gebildete Katzen durch den Garten und werden vom strengen Dackel Titus an die paulinische Dialektik erinnert.

Wir erfuhren, dass der Besuch jener einer alten Dame bevorstand. Eine intern ernannte Professorin aus der russischen Provinz kam auf die großzügige Einladung ihres ehemaligen Schülers, eines postsowjetischen „NouveauRiche" und „Parvenü" (wovon es auch heutzutage nicht wenige gibt) der oben bei C. ein *casinetto* kaufte, in die Nähe des am Fuße des Hügels gelegenen Dorfes S. bei Salerno und Neapel, wo unser gastronomisch- philosophisches Seminar stattfand. Man sagte uns, die Frau würde unablässig von der Schönheit Italiens schwärmen, darüber hinaus aber sehr gebildet, belesen und eine nicht zu bremsende Marxistin zu sein.
Man war dann immer gerührt, wenn eine Atheistin Gefühle in Anbetracht von etwas Großem und Schönem zeigte, aber Maxim Gorki würde man nicht gerne zu Tisch haben. Man erkundigte sich

nach dem Grad ihres Involviert-Seins in den Kommunismus und man könnte dieses Engagement als gutartig klassifizieren. Also ließ unsere Gastgeberin nach einigen Beratungen mit ihrem Ehemann verlauten, dass das russische Original einen Vortrag bei unserem abendlichen Beisammensein zum Besten geben könne. Und am Ende würden wir alle frohen Mutes: „oh, Bella, Ciao" einstimmen.

Wir erfuhren auch, dass sie aufgrund jahrelangen Rauchens und Asthma schwer lungenkrank sei und womöglich nicht mehr lange unter uns sein werde.

Ich ließ ein Diktiergerät mitlaufen, so dass ihre Rede aufgezeichnet blieb. Wir haben beschlossen, die aufgezeichnete Rede zu einem Buch von Sarah-Sophia zu gestalten.

Als sie ankam und schwer durch den kleinen idyllischen Garten schritt, sagte sie: „Nein, Freud ist groß. Er ist deshalb groß, weil er den Mythos in die Psychoanalyse und somit in die Welt eingeführt hat. Doch der Mythos bleibt fragmentarisch. Man kann niemanden fragmentarisch in der Psychoanalyse ausbilden.

Ach, hätte ich ihn doch getroffen, sagte sie „lacrimis passis," (verzweifelt, lat., Anm. d. Hrsg.) ich hätte ihn angesprungen und ihm die Ohren abgerissen. Hätte eben 4 Jahre im Gefängnis eingesessen wegen Vandalismus und schwerer Körperverletzung, aber das hätte einen Mehrwert gehabt."

Die Gastgeberin beeilte sich, einen Teller und Besteck extra links neben sie zu stellen. Man könnte ja nie wissen. Bald ward gekühlter weißer Wein gebracht.

Ich habe sie gefragt, ob sie sich je mit Mystik befasst hätte, was sie als eine Ketzerei, noch viel gefährlicher als das dogmatische Christentum, verneinte. Sie sei eine überzeugte Marxistin und Materialistin, ja manchmal Folkloresammlerin, und denke nicht in den Kategorien von Verrückten, wie

17

Paulo Coelho, Slavoj Zizek, oder des Heiligen Johannes vom Kreuz.

Sie sei, verflixt nochmal eine Wissenschaftlerin, eine Modernistin und prüfe demgemäß alles, wisse manches und glaube „gar nichts."

Sie nahm langsam zu Tisch Platz und tat einen inneren, wahrscheinlich unbeschreiblich schmerzhaften Seufzer und schloss für einige lange Sekunden die Augen. Dann sagte sie: „Wer in dem Umbruch der Zeiten lebt, den laden die Götter zum Gastmahl ein."

Da wir bereits etwas angetrunken waren, empfanden wir diese Anmerkung am Fuße unweit des Vesuvs etwas beängstigend, doch von den fruchtbaren Felsen der umliegenden Hügel, die eins der alten Abtei gehörten, beschützt, kamen in der abendlichen Kühle Ruhe und Geist uns zu ermuntern; es kam der Geist der Weinreben von dem Weinstock, das kurz nach Christi Geburt angelegt ward, und es kam der abendlich kühle Windhauch, die Gegenwart Gottes und der geistige Segen.

Es gab einen am Morgen gefangenen Fisch mit etwas Zitrone, gedörrte und frische Feigen, sowie Rosmarin und etwas Eis aus dem futuristischem Eis- Café in Rom, rechts aus der Seitengasse vom Fontana di Trevi, das ein Nachbar heute Mittag in einer fest verschließbaren Schale aus glänzenden Stahl brachte.

Judith, eine schöne Frau mit überragender Intelligenz und Psychoanalytikerin, erhob sich, etwas angetrunken und begann eine polemische Rede zur Ehre des Bacchus über die Psychoanalyse zu halten. Wir fingen an, wie gebannt zu lauschen, wie sie den Stoff, den man in einer der psychoanalytischen Sekten oft jahrzehntelang lernt, gleich in fünf Minuten dargeboten bekam. Sophia aber hüllte sich in trotziges Schweigen, ließ die Unterlippe hängen und rauchte unaufhörlich russische Zigaretten ohne

Filter. Sie nannte sie „Papirossen." Dabei [1]ersetzten die Filter das bloße Papier, in die sie gewickelt waren. Am Ende hat die Haut die Farbe eines Bernsteins angenommen. Während sie die Unterlippe hängen ließ, brannte doch noch ein Leuchten in ihren Augen, interessiert und parteisch, als würde man über Sigmund Freud wie über ihren nie getroffenen Vater sprechen. Mit dem Glimmerlicht ihres seltsamen Zigarillo verbanden sich die Lichter der Glühwürmchen, der Sterne und des schwachen Leuchtturms vom hiesigen St. Marco.

Zu Anfang: Psychoanalyse und Psychiatrie: Makroskopie

(Sigismundi delicias dolor Iacobi) (Rede von Judith)
In der Runde war, wie erwähnt eine angehende Psychoanalytikerin, Judith, dabei. Sie schien die alte Professorin eher zu belustigen, aber sie hielt sich respektvoll. Sie begann:

„Psychoanalyse wurde von ausgebildetem und ehrgeizigem Manne und Mediziner, den jungen Psychiater Sigmund Freund gegründet und spaltete sich in diverse Strukturen ab. Jacques Lacan ist für unseren Ansatz der nützlichste, sagte Judith verschmilzt, daher lege ich kurz seine Variante der Freud'schen Entwicklungsphasen dar.

Der Säugling, wenn er zur Welt kommt, kommt unfertig zur Welt. Es bedarf einer neuronalen Stimulation durch das Gegenüber derselben Art, (im Gegensatz zu Melanie Klein und Karen Horney ist nicht nur die Mutter gemeint, sondern auch der Vater) damit es zum schieren Leben und zur Reife gelangen könne. Das menschliche Wesen durchlaufe verschiedene Stufen in seiner Entwicklung, welche zwar nicht „evolutionsartig" auseinander automatisch hervorgingen, deren Hervorgang die westliche Kultur aber am meisten begünstige. Entscheidend ist, dass manche Phasen der Entwicklung nicht verlassen werden und auf manche man dauerhaft oder vorübergehend zurückfallen könne.
Die orale Phase zeichne sich durch die Abhängigkeit vom fütternden Objekt und diffusen Gefühlen der Spaltung aus, anderseits ist der Säugling auf diesem Stadium bereits er selbst, ein Individuum, wenn auch noch lange kein Subjekt und keine Person. Er lächelt manchmal, aber oft ist der Säugling bereits böse, was der Heilige Augustinus bereits erwähnt hat:

„Wer erinnert mich wieder an die Sünden meiner Kindheit? Denn vor dir ist niemand sündenrein, auch das Kind nicht, das nur einen Tag auf der Welt ist. (...)."[ii]

Er hält an der Mutterbrust fest, beißt und schlägt sie zuweilen. Er geht oft mit einer Anspruchshaltung durch die Welt, welche die Message trägt:

„Unterhaltet mich, füttert mich, heilt mich, und schließlich: gebt mir Drogen." Die Nabelschnur muss nicht nur beim Kind durchgeschnitten werden, sondern auch bei der Mutter. Es ist unerheblich, ob der Vater real im Leben der Mutter als Körper vorhanden ist oder ob sie auch nur an ihn oder an jemand anderes denkt: das Kind spürt das und fühlt einen Schnitt durch sein Unbewusstes gehen. Die Mutter gehört ihm, dem Kinde, nicht mehr ganz. Irgendwann erlangt es die Kontrolle über seine analen Schließmuskeln und damit ein zeitliches Empfinden der Kontrolle über seinen Körper, was mit erhöhtem Bewegungsdrang und Koordination der Hände zusammenhängt. Doch in dieser Phase erlangt er nicht nur das. Er erlangt Fertigkeiten über seine Hände. Er erforscht die Welt um sich herum, knetet und zeichnet, sucht sich in der Außenwelt, und stellt sich dadurch Fragen über sein Triebschicksal, ob er nun ein Mädchen oder ein Junge sei, oder sein wolle, und fängt irgendwann an, Buchstaben abzuschreiben, d.h. wiederholbare Replikate herzustellen. Damit ist die phallische Phase erreicht, wo ihm die Hand weh tut oder versteift, wie später sich sein Penis oder seine Klitoris versteifen werden. Dieser Moment ist sehr ernst. Denn ohne dieses Vermögen, wird er keine Unterschrift setzen können und keine abgeschlossene Tat begehen, die ihn zu einer nach außen tätigen Person mit gesunden Selbstbewusstsein machen soll.

Das Anale gibt dem Oralen Ordnung, denn im Oralen herrscht Chaos und Diffusion von Nähe und Ferne, das Genitale dem Analen, denn im Analen gibt es Zyklen des Lebens, des Sterbens, des Ruhens, etc. Die manisch-depressive Persönlichkeitsstörung, früher wurde sie „zyklothyme Psychopathie" genannt ist das Resultat der überragenden Macht des Zyklus in uns. Doch lassen wir das im

Moment ruhen. Der plötzliche Durchbruch eines Neurotikers ist ein Beispiel dafür, wie plötzlich der Wiederholungszwang, der Zwang des Zyklischen nachlässt. Durch richtiges Sehen der Körperfugen, entwickeln sich unterbewusste Körperschemata und Körperbilder des Subjekts als Einsicht in sein Unbewusstes durch den Vergleich mit älteren und gleichaltrigen Artgenossen. Die Aktivierung mancher verdrängten Bereiche ist für das Kind während seines ganzen Lebens traumatisch. Er kämpft mit dem Vater, welcher ihm den privilegierten Zugang zur Mutter, zuweilen implizit verwehrt, indem es ihn imitiert und ständig an ihm hängt. Dies macht er mit absolut ernster Miene.

Als er sich dem Vater als Objekt der Lust darbietet (*père vertrete*, Vgl. Lacan.) und dort eine herbe Abfuhr erfährt, indem der Vater seine kleinen Untaten verharmlost und ihn *nicht* schlägt, möchte er so sein w i e sein Vater. Genau das gleiche tut auch das Mädchen. Freud beschrieb, wie eine Patientin den Spazierstock seines Vaters sich zu eigen macht, um den Vater zu imitieren und so sich mit dem Vater zu identifizieren. Das Handeln des Vaters ist freilich in beiden Fällen ein anderes. Doch das zu erläutern, würde den Rahmen sprengen.

Warum tun die Kinder das? Ganz einfach: in ihrem Unterbewusstsein töten seine Lebenskräfte energisch den ganzen Vater und lassen nur einen gebrechlichen, wilden, gezeichneten Vater übrig.

Dies spiegelt sich wider in der nächtlichen Angst. Aber es gibt andere Auflösungen des Ödipus-Konflikts: so kannte die Verfasserin einen Menschen, der sich in eine weitere Konfession sich taufen ließ, um seine toten Verwandten „umzutaufen." (Totentaufe.) Er behauptete natürlich, von Neutaufe sei nicht die Rede.

Dies erfolgte in der Hoffnung, dass die Familie und die allheile Welt der Frühkindheit wieder entstehen zu lassen. Meiner Ansicht um eine narzisstische Persönlichkeitsstörung.

Wenn es schiefläuft, und es läuft immer schief, kann es den Vater verwerfen und vergessen, was in Folge zur Hysterie oder Psychose führt. Nimmt das Kind die Maßreglungen an, welche zu Beginn der Pubertät bereits an das Kind herangetragen wurden, zunächst die der oralen Phase („du darfst nicht alles sagen, was du willst," ferner „du darfst nicht alles machen, was du willst, und letztlich: „du darf nicht alles sein, was du willst, denn auch du bist entweder männlich oder weiblich und zwar w e i l du sterblich und nicht allmächtig bist") erlangt er den nötigen Konformismus, um in der Kultur des Kapitalismus ego-synton, also mit gesundem Selbstempfinden zu agieren und die Früchte der Kultur genießen zu können.

Nach einer Latenzzeit, welche geprägt ist von Träumereien aller Art von Feen und Helden (die M ä d c h en denken sich das sog. „FanFiction" aus, wo meistens sehr junge *Männer, ihre schiefe Vorstellung* durch eine von den Mädchen geflochtenen Intrige aneinandergeraten. Auch das ist der Beginn einer schweren Psychose, wenn das Mädchen diese Vorstellungschema nicht aufgibt. Im schlimmsten Fall bringt sie im graphomanen Wahn oder im „false memory Syndrome" unbescholtene Männer in Verruf.[2]

Es kommt aber auch zu trauriger Verirrung wie die „50 Shades of Gray."

Nun kommt das Kind endlich in die Phase der Genitalität und die Mädchen müssen ihre Überlegenheitsphantasien bzgl. der Jungen ablegen. Sie wol-

---

[2] Dolto, Françoise: Die Sexualität der Frau S.79, Frankfurt: 1971.

len den Anderen so nah wie möglich spüren, über seine Lust herrschen, oder sich von ihnen kontrolliert, die Kontrolle an die jungen Männer abgeben, damit in ihren Augen die Sterne aufleuchten.

Diese Phase ist nicht mit Phallizität zu verwechseln, die wir oben kurz skizzierten. Die Phalizität ist für die Genitalität, also für unser Synonym für „Wirklichkeit" zwar wichtig, jene geht aber weiter, stellt sich dem Anderen ein reales Lustobjekt gegenüber. Die Phalizität als Phänomen kann im Verborgenen walten, sublimiert werden: (man baut Hüte aus Stroh, etc.), doch die Genitalität drängt es nach Genuss. Bei Mädchen nicht weniger, als bei den Jungs. Dies gilt sowohl für den Jungen, wie auch für das Mädchen mit geschlechtstypischen komplexen Variationen. Es erlangt Zugriff zur Welt und zur Freiheit, kauft sich ein Pferd, ein Mini oder ein Auto, geht auf die Jagd nach seinem Traumprinzen und seiner Prinzessin, übt sich in der „Kunst" der w a h r en Intrige, indem es beobachtet und denunziert, etc.: die Bewegung und Selbstbestimmung, der reale Akt, das reale Genießen des Sexes.

Das Mädchen beginnt sich zu schminken und schön zu sein, doch nicht um mehr Selbstzweck zu sein, wie uns spätmittelalterliche Moralisten weis machen wollten, sondern weil sie in ihrer Schönheit, ihre reale sexuelle Lust und ihrem Vergleichrang (ihrer Spielliga) eine Macht über die Wirklichkeit fühlt: eine Macht, ein Selbstgefühl zu erlangen, das sie zuvor nicht kannte. Das Ganze wäre natürlich zu schön, um wahr zu sein. Natürlich ist dem nicht so, denn die Übergänge (Maßreglungen) (wir werden sie unter dem Stichwort der Initiation behandeln) zwischen den Phasen gestalten sich als durch und durch schwierig und heikel und begründen damit einen Katalog von psychischen Erkrankungen. Fällt das Kind teilweise auf das oral-phallische Stadium zurück, dann wird es abhängig und chaotisch und kann sein Leben nicht strukturieren. Dieser Heranwachsende wird ein promiskuitives Leben führen, zu Genussmitteln, innerer Leere und Depressionen neigen. Er wird unter Saisondepressionen leiden, wobei man unterscheiden muss, ob das schlechte Wetter bereits als es selbst bei den Manisch-Depressiven (Früher: Zykloide Charakterstörung) das „casus belli" (entscheidender „funke" zum Beginn des Krieges bzw. zum Ausbruch einer Krankheit. Anm.d. Verf.) ist, was die Depression auslöst, oder nur bloß der kalendarische Herbstbeginn an sich dafür ausreicht, sie auszulösen. Ein fähiger Psychiater weiß das zu differenzieren.

Denn das von diversen Zyklen bestimmte anale Stadium strukturiert das orale Stadium und das genitale Stadium gibt den in der analen Phase erworbenen Fertigkeiten einen Zielvektor.
Ein Beispiel: Anstatt still zu sitzen und zu lernen, läuft das Kind ständig in die Küche und holt sich etwas Süßes. Dominiert die anal strukturierte Sexualität, wird letztlich nicht sein Herz entscheiden, wen er oder sie als Partner wählt, sondern sein/ihr schlechter Verstand und schlechte Berechnung.
Er oder sie waren nicht gut in der Schule und ließen sich von schlechter kapitalistischer Moral korrumpieren. Oder war es Gott? Wir werden dieser Figur in Gestalt der bösen Stiefmutter begegnen.
Bleibt der Mensch in der oral-phallischen Phase während der zwei persistenten und sozialen Entscheidungen, entwickelt sich ein perverser Charakter: dieser Mensch macht sich allzu gerne „zum Teil-Objekt," er dient umstandslos und selbstverleugnend einer Idee, einem Machtapparat, etc. während er im inneren entweder freudig, oder me-

lancholisch leer, zuweilen auch stark verängstigt, bleibt. er bleibt der Idee eines Vater- Unternehmens, einer faschistoiden oder einer kommunistischen Ideologie, der Medizin, dem Medizinbetrieb, dem Buchstaben des Gesetzes, seinem Chef, etc. verhaftet. Oft finden sich darunter Frohnaturen. Sie dienen mit Freude und ein Leben lang, 12 wenngleich ihre Herren wechseln können, falls dies die Situation gebietet. Es kann auch schlecht für alle enden: denken wir an die unseligen französischen Zofen, welche ihre Arbeitgeberin umgebracht haben, weil sie die Schwestern schief angeschaut hätte. Wehe, sie bilden sich ein, man würde sie kritisieren. Bleibt der Mensch in der analen Phase, entwickelt sich bekanntermaßen ein analer Charakter. Ein Neurotiker oder ein Hysteriker haben das Stadium der Genitalität zwar gestreift, erreicht, aber die Initiation ist nicht abgeschlossen. Wen wundert es da, dass ihre hauptsächlichen Probleme im Bereich der Sexualität liegen?

Die Hysterikerin

findet keinen Partner, weil sie alle Männer hinsichtlich eines Idealzustandes ab-prüft (Alle Männer sind schwache Schweine), das in der Kindheit bei ihrem realen oder imaginierten Vater geblieben ist. Kommt ein Mann der Herbeischaffung dieses Idealzustandes nahe, wird dieser aus kontrollierender Angst bzgl. einer gefährlichen Lust verworfen oder dieser wird gequält, um sich zu vergewissern, ob er dennoch bleibt, obwohl ihm ein Teil der Lust verboten wurde, und kommt er eben diesem spezifischen Quantum nicht nahe, wird er auch verworfen, eben weil er nicht dem entspricht, was sie damals für ihren Vater empfunden und von ihrem Vater erwartet hat. Doch wehe sie ahnt vor dem Akt, dass der

Mann sich ihr fügen wird, befällt sie wiederum eine Panik, die dadurch erklärbar wird, indem wir begreifen, dass die Hysterikerin hier das Inzest-Tabu auf imaginärerer Ebene bricht und nun über ihren Vater herrscht. Dies bereitet der Hysterikerin massive Schwierigkeiten, ihre Widersprüche sind schier unlöslich.

Mit den Hysterikerinnen ist nicht zu Spaßen.

 Auch die dissoziative Persönlichkeitsstörung, welche neuerdings oft zur Geschlechtsumwandlung führt, wird von vielen Forschern als ein schweres hysterisches Symptom klassifiziert. Die Symptome reichen bis steifen Nacken bis zum dissoziativen Stupor.
Freud hat eine bekannt gewordene Hysterikerin, Dora behandelt. Was wollte sie überhaupt? Ihr Ehemann hat sie in die Analyse geschickt, weil sie schlecht im Bett war.
Doch dies zu sagen, bedeutet überhaupt nichts zu sagen und nichts von den Hysterikerinnen zu verstehen. Das Liebesobjekt der Hysterikerin ist der genitale Mann. Wir werden ihn unten erwähnen. Doch unterstehe man sich zu glauben, sie könne zum sexuellen Genuss mit ihm kommen. Die Hysterikerin Dora z.B. hat Dr.Freud den Lohn für 7 Sitzungen im Voraus gezahlt und ist gegangen. Freud erklärte sie und die übrigen Hysterikerinnen für nicht therapierbar.
Das ist schon eine Nummer, sie hat Freud wie eine Putzdame behandelt. Eine Rachesituation. Unerhört." (In der Runde ging ein halb unterdrücktes Lachen, nur Sofia blieb still.)
Doch nun ist es raus. Die Hysterikerin interessiert nicht nur **ein** Mann, mit dem sie einen Orgasmus erleben

kann, sondern mindestens zwei Männer, die ihren Orgasmus vereiteln können.

Das Geschlechtsziel der Hysterikerin ist ja gerade, kein Geschlechtsziel zu haben, und im Grunde gar kein Ziel zu haben. Zur Lust kommt sie eingezwängt in ein Drehgewinde.

Das tiefe Ansinnen der Hysterikerin ist es, ihrem gealterten Vater jene Art des Genießens beizubringen, dessen er, ihrer Meinung nach beraubt war. Es ist ein homosexuelles Genießen. Dieses würde, die Übermacht der Männer auf diesem Planeten, wie ihr scheint, brechen.

Ihre Phantasien gehen in diese Richtung: zwei junge Männer gegeneinander auszuspielen und damit zeigen, dass Intrigen den Männern mehr schaden, als nützen. Sie sollen die schöne Natur genießen oder für den Erhalt der Welt kämpfen. Wichtig ist die „Abieranz" der Hysterikerin, eine feine Tendenz, welche einem Psychiater vom Rang, Eric Berne nicht entgangen ist. Nachtdem die Hysterikerin merkt, dass zwei Männer aneinandergeraten, geht sie weg, um mit ihrem Genuss alleine zu sein und ihn gefahrlos auszukosten.

Wie kommt aber die Hysterikerin zu ihrem Sexualziel? Ich denke, dass der Körper der Hysterikerin, des Hysterikers durch und durch sexuiert ist. Explizites sexuelles Empfinden wäre da eher störend.

Ihre „Konversionssymptome" (steifer Arm) sind ja inzwischen sprichwörtlich geworden. Ein Schauer überkommt die Hysterikerin, ein Orgasmus kann sie in den Minuten überkommen, wo ein Herbstblatt an ihre Klitoris kommt und sie die Natur genießt.

Dies ist der Hysterikerin unbewusst. Und wir würden davon auch nichts wissen, wenn dieses Innenleben vieler Frauen nicht an die Oberfläche käme. Das Theater der engagierten Frauen, alle diese Demonstrationen, die ganzen Aufrufe, „engagiert zu sein," und die „Erderwärmung" zu bekämpfen und vieles andere. Man sollte „Liebe" machen, „Friedenspfeiffe" rauchen und alle miteinander querbeet schlafen. Die Hysterikerin appelliert an die Reife der Erwachsenen, neulich gab sich dieses kleine schwedische Mädchen die Ehre, den Mächtigen dieser Welt den Mangel viktorianischer Moral vorzuhalten. Ich lachte lange.

Dass in dieser Aufforderung ein Mangel an wirklicher menschlich reifer Liebe und Zärtlichkeit sich verbirgt, ist den Hysterikern und Hysterikerinnen unbewusst. Im Grunde fordern sie mit ihrer Forderung, das, was Marquis de Sade fordert: liebt nicht, liebt nicht wirklich, seid nicht zärtlich, unterdrückt alle essentiellen menschlichen Gefühle, auch den Ekel, nur dann seid ihr echte Menschen, also Teile, also Maschinen im Sinne von LaMettrie.

Lacan hielt sich für den „erhabendsten aller Hysteriker," doch ist die absolute Erhabenheit nicht eine absolute Dämonisierung des Menschen? Wir wissen von den „Albernheiten" die Lacan mit Althusser auf den Friedhöfen trieb. Entschuldigen Sie diese Indiskretion.

Daher das schillernde der Hysterikerin: eine Beständigkeit in der reifen Sexualität kann man weder von ihr, noch von dem Hysteriker erwarten. Sie wählt oft Männer die einen körperlichen Schaden haben oder durch die Macht, das Tier und Uniform gezeichnet und gebeugt sind. Damit haben ihre Männer Ähnlichkeiten zu einem Ur-Tier, dem Beschaffer von weltlichen und geistigen Gütern.

Eine Untergruppe bilden die geschäftigen Hysteriker. Das sind oftmals Männer, aber auch die tchevov'schen „Duschenkas."(Slavias, Anm. d. Verf.) Man nennt sie auch im hohen Alter stets beim Vornamen, sie befinden sich in den lauten Diensten ihrer Frau, oder vice versa, sie sind hyperaktiv und halten sich für absolut unersetzlich. Wichtig ist auch bei ihnen, das ist ihr strukturanalytisches Merkmal, dass sie ihren Vater verleugnen und vergessen, oder gar innerlich oder real töten. Sie unterscheiden sich von den Perversen dadurch, dass sie oft eine reichere Innenwelt haben, als die Perversen. Körperliche Sensationen und sog. Konversionssymptome gehören dazu, während beim Perversen das Gefühl für den eigenen Körper völlig fehlt und sie ihren Körper so benutzen, wie die Angestellten den Firmenwagen, um zu dienen.

Wenn Lacan von Perversion spricht, so spricht er von einem Habitus, einer Grundhaltung. Wohl können Neurotiker und Hysteriker manchmal sich sexuell pervers verhalten, aber sie tun es *nicht* in anderen Lebensbereichen.

Die Neurotiker hinterfragen die gesellschaftlichen Normen oder wirken auf diese ein; nie allerdings die Perversen, doch sie tun es auf zweierlei Weise: der Neurotiker denkt, der Andere sei vollständig, ihm fehle nichts und man müsse nur so sein, wie der andere indem man z.B. das hat, was der Andere hat.

Wohl kann ein Perverser seine immerwährende Fröhlichkeit des Dienstes verlieren und starken Ängsten geplagt sein: aus der Praxis kann man sagen: die Neurotiker wollen ihre Krankheit loswerden, sie empfinden die Zwangs-Symptome und Gedanken als störend, die Perversen empfinden ihre erbärmliche Lust als völlig zu ihnen gehörend.

Daher gründet der Neurotiker eine Familie, „weil das ja alle so tun." Oder er nimmt Kredite auf, lässt sich von seiner Freundin/Frau (meist Hysterikerin) schikanieren, etc. Doch die Schlüsse, die die Perversen und die Neurotiker aus dem gleichen Sachverhalt ziehen, sind jeweils andere: der Neurotiker kämpft mit dem Anderen, weil dieser Andere ja alles hat,

und der Perverse dient dem Anderen, eben aus demselben Grund, inbrünstig, und bringt den anderen zum Genießen. Selten kommt es bei den strukturdefizienten Perversen zu einer Familiengründung.

Stirbt der Partner, sind die Hysteriker schnell getröstet und finden sich einen neuen. Oft ist ihr Interesse allerdings äußerst wählerisch, und zwar nach den Grundsätzen, die wir oben angaben,
aber von Dauer. Tchechov hat solche Frauen in seinen Dramen zu Genüge beschrieben. Sie haben eine unangenehme Eigenschaft, andere Menschen, insbesondere Männer gegen Männer, unbewusst auszuspielen: nicht weil, wie beschrieben, es ihnen besondere Vorteile brächte, sondern weil das Auseinandersetzen von Streitparteien ihre innere Spannung und Schuldgefühle befriedigt. Oft, und das ist kein Witz, sterben ihre Männer vorzeitig an ihren Launen. Der Topos der „Schwarzen Witwe" dürfte bekannt sein. Hier ist die Grenze zur Psychopathie im Sinne des jetzigen Fachgebrauchs dieses Terminus äußerst schmal.
Wenn Männer aus einer neurotischen Grundposition zu Psychopathen werden, werden es Frauen eher aus der hysterischen Perspektive heraus. Hier sagt Lacan, bzgl. Freud nichts neues. Narben und Loser-Tum verweisen auf dem Kampf mit einem Ungeheuer und machen Männer bekanntlich attraktiv, hysterische Frauen fliegen auf Soldaten, ältere Männer, Alkoholiker, Künstler und kaputte Existenzen sowie oral-phallische Narzissten, einer Spielart des bösartigen Psychoneurotikers, von dem Freud

schrieb, von denen unten zu reden sein wird. Dazu unten mehr. Der Grund liegt darin, dass die Beziehung zum kranken, schlagenden, kurz: strengen Macho-Vater allzu sehr innig ist. Die Hysterikerin ist unterbewusst überzeugt, dass wenn sie ein Junge geworden wäre, sie sich dem Vater als ein adäquates Objekt hätte darbieten können. Sie versteht all den Krieg nicht, wenn es doch so einfach wäre. Die Schuld tragen ihrer Meinung nach die hartherzigen großen Männer, denen sie in jedem Alter zu gerne die Leviten liest.

 Der Junge versteht die Situation anders, obwohl er ähnliche unterbewusste Phantasien hat. Diese können sich divers äußern. Ein besonderer zärtlicher Anspruch an den Vater ist beim 7-jährigen Jungen gut nachvollziehbar. Aber der Vater m u s s ihn zurückweisen, und wenn er psychisch integer ist, dann tut er das aus. Die Angst des Jungen, welche die Zärtlichkeit und die Darbietung als Objekt an den Vater als einen Überkompsierungsmechanismus auslöste, wird verstärkt. Schließlich entscheidet der Junge sich, Vaters Brille anzuziehen und Zeitung zu lesen. Dem Mädchen ist dieser Weg verwehrt. Die Identifikation mit dem Vater ist dem Mädchen aufgrund verschiedener Morphologie bereits untersagt. Sie soll sich an die Mutter halten und hasst diese deshalb wie die Pest.

Das Unbehagen an dem Vater findet sich in ihrem Realen wieder. Oft schildern Mädchen, sie haben den Vater vergiften wollen. Das nicht etwa, weil er sie sexuell abwies, sondern weil ihre Gesetze der Magie, der Natur, ja, der Unterwelt die Gesetze ihrer Innenwelt für ihn nicht gelten. Er wolle sie also auf inneren Wanderungen nicht unterstützen. Das ist der eigentliche Grund.

Männliche Hysteriker fügen sich selten sichtbare und vorzeigbare Verletzungen zu: oft finden wir sie aber bei den Borderline-Fällen, die als pervers zu qualifizieren sind, Andeutungen an etwas, was den Körper aufteilt und aufstückelt. Ein Piercing oder eine Tätowierung. Die männlichen Hysteriker sind durchaus oft mit Boxkampf und ähnlichem beschäftigt: und ebenso, wie die Mädchen mit Zauberkräutern hantieren, hantieren jene mit Fäusten und Ringkampf. Wir sehen, dass hier zwei Sublimierungslinien gefahren werden, welche alle vom expliziten sexuellen Akt wegführen.

Die Große Frage ist allerdings, wie es dazu kommt, dass zwei Geschlechter dennoch zueinander finden? Ich bin pessimistisch. Sie tun es nicht. Ich denke, wir müssen die Rede meiner Nachrednerin abwarten und uns in den objektiven Weltlauf versetzen.

Antisozialer Psychopath (der genitale Mann)

Schließlich haben wir das genitale Subjekt in nuce vor uns. Freud führt ihn unter der Kategorie der nicht therapiebaren Psycho-bzw- der „Charakterneurose."[iii]

Dieses Subjekt ist sowohl neurotisch wie pervers, denn der Andere ist in diesem Fall er, sein gewaltiges, aufgeblasenes Ego. Leitend dafür ist die (neurotische) Pathologie der Verfolgung, auch V e r f o l g u n g s w a h n genannt.

In unserer Zeit kommt dieser Mann nicht gut weg. Exemplarisch finden wir diese Spezies oft in den Schreber-Gärten. Seine Genitalität hat schier keine Grenzen, so dass er zur Luststeigerung nicht nur sein Geschlecht, sondern auch das seines Nachbarn benutzt. Oft finden wir als Vorahnung der Menschwerdung dieses Dämons Pans und Faune mit zwei Phalli in den Gärten überall auf der Welt stehen. Das phallische Subjekt ist auch das Subjekt einer bestimmten Sprachauffassung. Für Freud

zumindest. Das Subjekt selbst ist nicht nur sein leibliches Selbst, sondern
das Subjekt ist ein Teil des Satzes, wie in der Grammatik.
Ausgerechnet der Richter Schreber dient uns als Beispiel
des genitalen Subjekts, genital- wie wir meinen als Beschreibung seines Zugriffs zur Welt, seiner Entschlossenheit, seiner trefflichen Wortwahl, seiner
realen und symbolischen Macht über die „Sachen" (im rechtlichen Sinne), also über die Menschen, über
deren Schicksal er zu entscheiden als Richter berufen
ist. Allerdings ist viel mehr über den Typus, nicht über
den speziellen Fall des Richters zu sagen. Er kommt in
verschiedener Variation vor, einmal als Ausführender,
einmal als Ideengeber, als Guru, als „Führer" und ähnliches. Er kommt in der gutartigen Variante vor als unser Hausmeister, Gärtner, der verrückte harmlose Kauz von Nebenan, ja, auch ich bin womöglich auch von seinem Typ, wenn auch in einer überreflektierten Form. Wichtig ist, dass er selten ein Naturwissenschaftler ist, ihm fehlt der schizoide Friede des Chemielaboranten.
Unser Typ ist entweder die Quelle einer neuen esoterischen Lehre, oder er ist ihr Pauker. Er sendet
die geistige Botschaft in die Welt und er treibt sie auch
in die Leiber. Nennen wir sie Typ A und Typ B. Beide
sind eifersüchtig, aber schon lange nicht mehr auf Menschen. Sie sind eifersüchtig in Bezug auf

ihre Lehre, ihre geistigen Inhalte.

(Bildquelle:
https://en.wikipedia.org/wiki/Daniel_Paul_Schreber
23.08.2021.14:31.

Was sagt Freud genau? Oft neigen wir Freud zu schnell zu lesen. Er handelt diesen Charakter in seinen Texten von 1920 bis 1939 in seiner Schrift *Jenseits des Lustprinzips. Massenpsychologie und Ich-Analyse:*

„Unser Eifersüchtiger erkennt die Untreue seiner Frau an Stelle seiner eigenen; indem er die seiner Frau in riesiger Vergrößerung bewußtmacht, gelingt es ihm, die eigene unbewusst zu halten."

Der böse maskuline Charakter aus Oliver Twist oder der dunkle Lord aus Harry Potter. Oft fehlt ihm die Nase oder er ist anderswie körperlich eindeutig genital, also durch irgendeine Wirklichkeitszugriff-Markierung gezeichnet. Z.B. hat er durch einen Überschuss an Testosteron keine Haare auf dem Kopf.

Er hat die genitale Reife erlangt (das heißt nicht, dass er dauernd Sex hat, das kann das Gegenteil sein), und führt sein Leben selbstbestimmt und rücksichtslos. Was bedeutet aber, die genitale Reife zu haben? Meine Nachrednerin wird vom „Übermenschen" sprechen. Das ist jemand, der sich alleine für alles was er tut verantwortlich fühlt, nicht an Gott glaubt und seinen Körper verachtet. Daraus folgt, dass auch die Angst ihm fehlt.

Er dient rücksichtslos und hingabe-voll sich selbst. Daher ist er sowohl neurotisch, wie auch pervers. Neurotisch, weil er sich ein anderer ist und keinen anderen braucht, aber dennoch einen Körper hat und pervers, weil er darin ja sein Bewusstsein nicht verlässt und sich selbst zum Genießen seiner Wirkung bringt.

Ihm ist jedes Mittel recht, um die anfangenden schöpferischen Triebe seines Partners zu zertrampeln. „Es sei Kitsch," etc. Da er pervers ist und oft über ein „savoir vivre" verfügt, weiß er im Umkehrschluss des Angenehmen mit einer unglaublichen Verve durchaus wo es am meisten weh tut. Er ist ein brillanter Psychologe. In ihm verbindet sich Narzissmus als Perversion und der Kampf gegen den anderen in der Neurose. Das Objekt, dem er hingebungsvoll dient, ist er selbst und das Objekt, das er leidenschaftlich bekämpft, ist der Andere, der für ihn so erbärmlich ist, dass das ein Untermensch, ein zu Tode reizendes Zuviel, ein kleiner Anderer, eine störende Nebenwirkung auf dem Beipackzettel ist. Vor uns ist ein in Bronze gegossener Psychopath. Sollten Sie an einen solchen geraten, erkennen Sie ihn an seinem Charme. Doch dann laufen Sie um Ihr Leben. Er ist ein Macho mit dem behaarten Handrücken. Er ist der Übermensch Nietzsches, denn mag er bloß ein feinsinniger Metzger oder Müllmann sein, ein liebreizender junger Mann mit einer langsamen Honigstimme, ist er doch in seiner Verachtung seiner Mitmenschen stets unerschütterlich. Gerade die Wiederholbarkeit seiner täglichen Handlungen adelt ihn. Gerade das macht ihn zum Übermenschen. **Er ist gerne sterblich**, an eine Seele glaubt er nicht. Er ist nie in Frieden, er ist geschäftig oder er ist innerlich taub. Wenn er mordet, dann mit übermenschlicher Gleichgültigkeit und juristischer Folgerichtigkeit. Sein Selbstempfinden ist so groß, dass er eigentlich keinerlei Menschen bedarf, um vollständig zu sein. Dieser Typ hat nur Angst vor dem Gesetz und dem StGB, niemals vor seinem Gewissen, denn er hat keins, er erfüllt aber das Gesetz nicht, sondern missbraucht es, wo immer er es kann. Er hat dennoch Angst, natürlich keine Angst vor dem schieren Tod, aber Angst davor, in seinen Denkmöglichkeiten von dem Gesetz (auch dem Gesetz des Todes) begrenzt (kastriert) zu werden. Da wird er schon mal gerne sentimental, was besonders rührend wirkt. Sie kennen das sicherlich aus den Annimationsfilmen: der Schurke, welcher am Ende kurz sentimental wird.

Daraus folgt, dass auch im Falle wo er von der Forensik gestellt wird und einer geschlossenen psychiatrischen Anstalt überantwortet, kann er unter keinen Umständen geheilt werden kann. Dies ist der Psychopath, der entweder an krankhafter Eifersucht oder Paranoia leidet, die Krankheit beginnt damit, dass er gegen die Homosexualität als Bild seiner vollkommenen Selbstbezüglichkeit vor sich zu verbergen oder aus eben diesem Grund mit sehr

vielen Frauen Verkehr hat (Don Juan) oder aber niemanden außer sich selber zu lieben vorgibt und dem Größenwahn verfällt, und daraus z.B. aggressiv explizit promisk homosexuell ist.
Er ist manipulativ und benutzt Menschen zu seinem Vorteil. Freud hat dazu seine linguistische und stilistische Glanzleistung im Aufsatz „Drei Formen der Paranoia" geliefert. Halten wir ein und hören Freud[3],[iv]

* * *

„Wenn wir so die Zumutung der homosexuellen Wunschphantasie,
   den Mann zu lieben, für den Kern des Konflikts bei der Paranoia des
   Mannes halten, so werden wir doch gewiß nicht vergessen, daß die
   Sicherung einer so wichtigen Annahme die Untersuchung einer
   großen Anzahl aller Formen von paranoischer Erkrankung zur
   Voraussetzung haben müßte. Wir müssen also darauf vorbereitet sein,
   unsere Behauptung eventuell auf *einen einzigen Typus der Paranoia*

---

[3] Freud, Sigmund. Psychoanalytische Bemerkungen über einen autobiographischen Fall von Paraonoia (Dementia paranoides.) Wien: 1911.

einzuschränken. (Markiert von den Verf.)

Immerhin bleibt es merkwürdig, daß die bekannten Hauptformen der Paranoia alle als Widersprüche gegen den einen Satz

»Ich (ein Mann) *liebe ihn* (einen Mann)« dargestellt werden können, ja,

daß sie alle möglichen Formulierungen dieses Widerspruches erschöpfen.

Dem Satze »Ich liebe ihn (den Mann)« widerspricht

a) der *Verfolgungswahn,* indem er laut proklamiert:

»Ich *liebe* ihn nicht – ich *hasse* ihn ja.« Dieser Widerspruch,

der im Unbewußten nicht anders lauten könnte, kann aber beim Paranoiker

nicht in dieser Form bewußt werden. Der Mechanismus der

Symptombildung bei der Paranoia fordert, daß die innere

Wahrnehmung, das Gefühl, durch eine Wahrnehmung

von außen ersetzt werde. Somit verwandelt sich der Satz

»Ich hasse ihn ja« durch *Projektion* in den andern:

»Er haßt (verfolgt) *mich,* was mich dann berechtigen wird, ihn zu hassen.« Das treibende unbewußte Gefühl erscheint so als Folgerung aus einer äußern Wahrnehmung:

»Ich *liebe* ihn ja nicht – ich *hasse* ihn ja – weil e r m i c h v e r f o l g t.

« Die Beobachtung läßt keinen Zweifel darüber, daß der Verfolger kein anderer ist als der einst Geliebte.

b) Einen andern Angriffspunkt für den Widerspruch

nimmt die *Erotomanie* auf, die ohne diese Auffassung ganz unverständlich bliebe.

»Ich liebe nicht *ihn* – ich liebe ja *sie.*«

Und der nämliche Zwang zur Projektion nötigt

dem Satz die Verwandlung auf:
»Ich merke, daß *sie* mich liebt.«
»Ich liebe nicht *ihn* – ich liebe ja *sie* – weil *s i e   m i c h*
l i e b t .
« Viele Fälle von Erotomanie könnten den Eindruck
von
übertriebenen oder verzerrten heterosexuellen Fixie-
rungen
ohne andersartige Begründung machen, wenn man
nicht
aufmerksam würde, daß alle diese Verliebtheiten nicht
mit der internen Wahrnehmung des Liebens, sondern
der von außen kommenden des Geliebtwerdens einset-
zen.
Bei dieser Form der Paranoia kann aber auch der Mit-
telsatz
»Ich liebe *sie*« bewußt werden, weil sein Widerspruch
zum ersten Satz kein kontradiktorischer, kein so
unverträglicher ist wie der zwischen Lieben und Hassen.
Es bleibt ja immerhin möglich, neben *ihm* auch *sie* zu
lieben.
Auf diese Art kann es geschehen, daß der Projektions-
ersatz
»*Sie liebt mich*« wieder gegen das »grundsprachliche«
»Ich liebe ja *sie*« zurücktritt.
c) Die dritte noch mögliche Art des Widerspruches
wäre jetzt der *Eifersuchtswahn,* den wir in charakteristi-
schen
Formen bei Mann und Weib studieren können.
α) der Eifersuchtswahn des Alkoholikers. Die Rolle des
Alkohols bei dieser Affektion ist uns nach allen
Richtungen verständlich. Wir wissen, daß dies Genuß-
mittel
Hemmungen aufhebt und Sublimierungen rückgängig
macht.
Der Mann wird nicht selten

durch die Enttäuschung beim Weibe zum Alkohol getrieben,

das heißt aber in der Regel, er begibt sich ins Wirtshaus und in die Gesellschaft der Männer, die ihm die in seinem
Heim beim Weibe vermißte Gefühlsbefriedigung gewährt.
Werden nun diese Männer Objekte einer stärkeren libidinösen
Besetzung in seinem Unbewußten, so erwehrt er sich derselben

durch die dritte Art des Widerspruches:

»Nicht *ich* liebe den Mann – *sie liebt ihn ja*« – und verdächtigt
die Frau mit all den Männern, die er zu lieben versucht ist.
Die Projektionsentstellung muß hier entfallen,
weil mit dem Wechsel des liebenden Subjekts
der Vorgang ohnedies aus dem Ich herausgeworfen ist.
Daß die Frau die Männer liebt, bleibt eine Angelegenheit
der äußern Wahrnehmung; daß man selbst nicht liebt,
sondern haßt, daß man nicht diese, sondern jene Person l
iebt, das sind allerdings Tatsachen der innern Wahrnehmung.
β) Ganz analog stellt sich die eifersüchtige
Paranoia der Frauen her.
»Nicht *ich* liebe die Frauen – sondern *er liebt sie*.
« Die Eifersüchtige verdächtigt den Mann
mit all den Frauen, die ihr selbst gefallen,
infolge ihres überstark gewordenen,
disponierenden Narzißmus und ihrer Homosexualität.
In der Auswahl der dem Manne zugeschobenen
Liebesobjekte offenbart sich unverkennbar

der Einfluß der Lebenszeit, in welcher die Fixierung erfolgte; es sind häufig alte, zur realen Liebe
ungeeignete Personen, Auffrischungen der Pflegerinnen,
Dienerinnen, Freundinnen ihrer Kindheit oder
direkt ihrer konkurrierenden Schwestern.
Man sollte nun glauben, ein aus drei Gliedern bestehender Satz wie »*Ich liebe ihn*« ließe nur
drei Arten des Widerspruches zu.
Der Eifersuchtswahn widerspricht dem Subjekt,
der Verfolgungswahn dem Verbum,
die Erotomanie dem Objekt. Allein, es ist wirklich noch eine
vierte Art des Widerspruches möglich, die
Gesamtablehnung des ganzen Satzes:
»*Ich liebe überhaupt nicht und niemand*« –
und dieser Satz scheint psychologisch äquivalent,
da man doch mit seiner Libido irgendwohin muß,
mit dem Satze: »Ich liebe nur mich.« Diese Art des Widerspruches ergäbe uns also den Größenwahn, den wir als eine *Sexualüberschätzung des eigenen Ichs* auffassen und so der bekannten Überschätzung des Liebesobjekts an die Seite stellen können.

Es wird nicht ohne Bedeutung für andere Stücke der Paranoialehre bleiben, daß ein Zusatz von Größenwahn bei den meisten anderen Formen paranoischer Erkrankung zu konstatieren ist. Wir haben ja das Recht anzunehmen, daß der Größenwahn überhaupt infantil ist und daß er in der späteren Entwicklung der Gesellschaft zum Opfer gebracht wird, so wie er durch keinen andern Einfluß so intensiv unterdrückt wird wie durch eine das Individuum mächtig ergreifende Verliebtheit.

»Denn wo die Lieb' erwachet, stirbt das Ich, der finstere Despot.« (Giordano Bruno)

* * *

42

Oft begleiten ihn Eigenschaften wie Eifersucht, Abhängigkeit, u.a. von Alkohol und Verfolgungswahn. Denken wir dabei nicht an einen testoronstrotzenden Macho, oh nein, oft sind sie unscheinbar, kleine, zunächst sehr nette Männer, beinahe schon Engel. Er nimmt in der positiven Variante die Rolle eines Clowns oder in der negativen die Rolle eines manischen empathielosen aber auch Gourmet- Triebtäters ein. Er hat seine Opfer genauestens studiert. Seine Opfer sind meistens abhängige orale Individuen, die voller Sehnsucht auf ihn warten. Doch in Wirklichkeit sind sie genauso wie er selbst. Oft verfolgt er auch mehrere seiner Opfer jahrelang. Was ihn abschrecken kann, ist nur und ausschließlich das harte Gesetz. Werden seine Pläne aber durchkreuzt, droht sein emotionsloser und stiller Selbstmord. Kommt der Tod aber äußerlich auf ihn zu, so jammert er sentimental auch vor seinem Tod, verabschiedet sich von der Natur, den Flüssen und den Wäldern. In diesem Moment bittet er oft auch um Mitleid, da er bis zu Letzt hofft, den anderen zu betrügen.

Schwestern und Brüder, täuschen sie sich nicht. Die Psychopathen sind unter uns. Sie haben keine Empathie und sind hochgradig manipulativ. Nehmen Sie sich vor ihnen in Acht und schützen sie ihre Kinder. Die andere, weitaus harmlosere Variante mit weniger Problemen wäre eine Resilienz. Moderene klinische Psychologen sprechen von krankhaft unabhängigen (sic.) Menschen verkörpern z.B. durch Clint Eastwood und Richard Gere, sowie Jerome Selinger und Heath Ledger, von dem unten die Rede sein wird. Zu einer harmloseren Unterkategorie gehören sog. „Runaways," Landstreicher, diebische Ehepärchen, etc. Sprechen wir von seinem weiblichen Pendant. Wie muss man sich diese Frau vorstellen? Erst einmal denken wir an die Darstellerinnen der Paradepsychopathinnen Hollywoods. Meryl Streep, z.B.

Diese Frau tritt dadurch in Erscheinung, dadurch dass sie sich nicht scheut, Sex zu genießen und daraus langfristige, auch materielle Befriedigung zu ziehen, im Übrigen aber geordnet und stark ist.

Wir sprachen oben von der Hysterikerin. Sie, die Psychopathin ist nicht hysterisch, denn sie hat die genitale Reife erlangt, dennoch hat sie diese lediglich nicht ethisch vollendet.

Sie ist nicht Mutter geworden, ebensowenig wie der oben beschriebene Psychopath Vater geworden ist.

Lacan erwähnt an einer Stelle, dass die „Frau mit dem Gedanken in die Psychose einsteigt, dass ihr „von da an nichts mehr passieren kann." Sie sei nun mit diesem Manne sicher, wie hinter einer Betonmauer.

Liebe Kollegen, nehmen wir ruhig diesen Punkt als Orientierung, um einen weiblichen Charakter zu gestalten. Wir werden sie bei der bösen wiederfinden Stiefmutter finden.

Zuletzt sind unsere Freunde, die schizoiden und die schizotyptischen Typen zu nennen. Manchmal empfahl man, sie so wie antike Villen vorzustellen: die Fensterläden aus dunkler Buche sind abgedichtet, doch hinter den Abdichtungen werden barocke Feste gefeiert. Zuweilen wird noble Geburt wird zelebriert.

Sie haben ihr Latenzstadium nicht überwunden und das Stadium der Initiation nicht durchlaufen und meiden den Kontakt zur realen Wirklichkeit weitgehend, indem sie sich in Computerwelten oder das BGB Studium flüchten, tierische Pseudonyme tragen oder philosophische sowie ideologische Systeme erstellen, mit unsichtbaren Feinden Schattenboxen spielen und Märchen schreiben.

In den Märchen selbst verkörpern sie meistens die Tiere. Wir werden sie meinen, wenn wir später vom „Trickster" sprechen werden. Dabei ist zwischen den **expansiven** (er gleicht dem genitalen Subjekt nur äußerlich, denn er geht nicht zur Vollendungsabsicht über) und den **autisto-formen** Schizoiden zu unterscheiden.

Die expansiven spielen ganz gern den kalten Aristokraten mit langen pomadiertem Haar oder sind einfach nur durchgeknallt. Irgendwann brennen sie innerlich aus und begeben sich außerhalb der natürlichen Sprache der Gesellschaft, in der sie sozialisiert wurden, in die Psychose, wo sie endlich zuhause ankommen, wo ihnen nichts mehr passieren kann. Die Sonde, mit der sie die Welt erfassen, rollen sie ein und oftmals verspüren sie nicht mehr das Bedürfnis, aus dem Haus ihres Ichs zu gehen. Ihr Haus ist Herr über sie geworden.

Die autistischen Schizoiden sind von einer gewissen Gleichgültigkeit Ihnen gegenüber gezeichnet. Sie werden Ihnen sogar gerne einen Gefallen tun, aber nur, weil Sie ihnen irgendwo egal sind, weil dieser Gefallen für sie eine rein theoretische Möglichkeit ist.

Ja, aus dieser Gruppe tatsächlich kommen die Helden unserer defekten Zeit.[v]

Sarah setzte sich, während die anderen auf Holz klopften.

II. Mythologische Urbilder. Der Beginn

Nun haben wir die Spitze des Eisberges (niemand garantiert, dass er nicht morgen schmilzt) einer kombinierten psychiatrischen Theorie hier skizziert. Dort ist alles enthalten, aber wir sehen nur makroskopisch die Spitze des Eisberges, das so groß ist, wie das Universum selbst. Halten wir das oben gesagte im Hinterkopf und gehen wir zurück zu den losen Mustern einer tieferen unterirdisch liegenden aber dafür unzweifelhaften und formlosen Struktur, die niemals vollständig erfassbar sein wird. Eugene Delacroix hat einmal gesagt, man müsse als Maler sowohl die Theorie der Perspektive, wie auch der Anatomie lernen, um sie wieder zu vergessen. Vergessen Sie also das oben gesagte möglichst komplett. Wer Ohren habe, der höre. Also ich überlasse das Wort Sophia.

Wir drückten unsere Zustimmung dadurch aus, indem wir auf den Tisch klopften und mit den Füßen stampften.

Judith verbeugte sich und trank ihren Kelch, wo sie symbolisch drei Tropfen Wasser fallen ließ und überreichte die Weinkaraffe und den silberneren Kelch, an Sophia. Wir waren ganz sprachlos geworden und haben recht gespannt zugehört.

Sarah Sofia warf wütende Blicke auf die vergoldeten Handgelenke der Psychoanalytikerin, den Ring aus den Zeiten von Klimt und Schiele, die so wohlwollend mit ihr ihren Spaß gemacht hatte und begann erneut zu sprechen. Zuvor brachte eine starke Brise sie dazu, sehr lange zu husten, so dass wir uns fragten, ob nicht doch lieber nach dem Arzt gesandt werden sollten.

Rede von Sarah Sophia

Die Gastgeberin ging in das Haus und brachte Sophia eine Wärmflasche, einige Stofftaschentücher, welche noch von den blinden Nonnen unter kaltem Wasser genäht wurden, doch Sophia lehnte so höflich, wie es ihr nur möglich erschien, diese Gabe ab und kramte ein mitgenommenes, noch sowjetrussisches Taschentuch hervor und so langsam beruhigte sich ihr Anfall. „Wir müssen uns permanent die Figur des Kreises in Erinnerung halten, sagte sie. Und daran, dass wir von der Zeit sprechen, die vor dem disziplinierenden Auftauchen des „Namens des Vaters," war. Es ist ein Ei, alles ist dort zusammen. Jede Erklärung ist im Mythos frei vom logischen Widerspruch, weil es frei vom logischen Anspruch ist.

 Denn jede mythische, archaische Tätigkeit hat mit dem Kreis, zu tun. Der Mythos scheint die Grundlage jeder fiktionalen Literatur zu liefern. Die Sagen und die Märchen der Völker, aber auch für die Autorenmärchen. Nun ist eine Erklärung unserer Wirklichkeit:das Ansinnen: nicht die Interpretation von fiktionalen Werken. Sie werden „en passant" interpretiert. Es wird bloß folgerichtig der existentialistischen Auffassung gefolgt, wonach der Mensch seit dem Bestehen seiner Gattung gesetzt das Faktum seiner Gottverlassenheit in seiner Alleingelassenheit versucht, die Welt so auszudeuten, dass die Angst vor dem Tod und vor dem Nichts erträglich wird. Die Rede richtet sich an aufgeklärte Menschen. Damit ist bereits erklärt, warum die Menschen sich mit Mythologie befassen, warum sie Märchen lesen und Harry Potter gucken. Fangen wir also an.

Binäre Oppositionen

Seit Levi-Strauß wissen wir, dass die Welt des Mythos aus binären Oppositionen besteht. Diese Oppositionen leiten die existentialistische Opposition von Leben und Tod, Werden und Vergehen, Männlichkeit und Weiblichkeit, Kultur und Antikultur, Haus und Wald, Fließen und Stehen, Liebe und Haß, Zärtlichkeit und Aggression, Kompliziertheit und Einfachheit, Freund und Feind, Mensch und Tier, Jugend und Alter, Macht und Ohnmacht, Held und Antiheld, Held und Doppelgänger, Kollektiv und Individuum, etc. ab.

Sie treten als Eigenschaften oder Relationen an handelnden Helden auf. Ein Held kann beide Eigenschaften in jeweils unterschiedlicher Gewichtung aufweisen, wenn sie sich auf den Helden und auf den Antihelden verteilen.

Semantisierung und Eigenschafteninduktion

Begriffe, welche amalgamiert waren, so, wie wenn man zwei Kaugummis zusammen kaut, die im archaischen, alten Stadium *ein* und *dasselbe* bedeuteten, spalten sich im Verlauf der Geschichte eines Begriffs durch logische und begriffliche Unterscheidungen weiter auf.

(In der Sprachwissenschaften ist auch ein umgekehrter Prozess der sog. *Desemantisierung* zu beobachten, wo eine weit entwickelte hochflektierende grammatische Struktur verkürzt wird. Jeder weiß, dass Englisch „einfacher" als Deutsch ist und man wird es noch einfacher machen.

Ein Mittel, wie man dies machen kann, ist u.a. die *„Eigenschafteninduktion."* Der Held und der Drache, sie stehen für Kampf und Freundschaft, Ehre und Liebe, etc, bedeuten das eine und stehen sich gegenüber. Und der Held scheint einige Eigenschaften mit dem Drachen gemeinsam zu haben. Manchmal tauscht der Drache das Herz des Helden durch ein Stück seines eigenen Herzens aus. Manchmal reicht auch schon ein Vampirbiss, damit sich die Eigenschaften (Unsterblichkeit/Blutgelüst) übertragen. Manchmal ist die Eigenschaftenübertragung komplizierter wie beim Werwolf in menschlicher Gestalt und Werwolf in tierischer Gestalt.
Das heißt: der Kämpfer gegen den Vampir ist auch der Vampir, die Oma ist auch… (dazu ausführlich später, nicht so hastig), die Sentimentalität ist auch Grausamkeit, wie wir später erfahren werden. Der Held und der Antiheld sind dasselbe, wenn auch nicht in allen Eigenschaften. Ursprünglich wurde der Kampf des Helden mit dem Drachen als ein Kampf des Drachen mit sich selber gesehen, als dessen Endprodukte die Welt und ihre Teile entstanden.
 Der berühmte amerikanisch-deutsche Psychiater Menninger[vi] erwähnte, (sagte sie, und erhob den Zeigefinger,) dass derjenige, der den Selbstmord begeht, es oft in Bezug zu einem „virtuellen, meist hierarchisch höher
stehenden Täter tut, dem er seinen Selbstmord anlastet, demjenigen, der ihm „das angetan" hat.

Er wünscht, diesen jenigen tot zu wissen und dafür muss er zu demjenigen bereits vor der Tat des Selbstmords geworden sein, muss sich in seinem Kopf ausgebreitet haben, um dann, mit wahnhafter Klarheit einzusehen, dass seine Gedanken über den üblen Chef w a h r, unmittelbar evident seien.

Eigenschaften-Migranz: Neue Götter übernehmen die Eigenschaften der bekannten Götter. Jupiter übernimmt die Eigenschaften von Zeus, etc. Alle möglichen Wiedergeburt- Geschichten gehören dazu, aber auch Allusionen in den Romanen: „die alte Frau erinnerte in einigen Eigenschaften ihn an seine verstorbene Ehefrau."
Diese Trope dekliniert sich z.B. in der Legende vom Trojanischen Pferd, sie hat oft mit Krieg zu tun.
Ein weiteres Beispiel ist die Einnahme der kleinen Stadt Veji in der Nähe von hier, von Neapel."
Sophia zeigte auf den Berg hinter uns.
„Als die Römer die Stadt einnahmen, beschritten nicht etwa die römischen Krieger, sondern römische Priester einen unterirdisch zuvor gegrabenen Gang, der mitten in das Heiligtum der Stadtbewohner führte. Die römischen Priester brachten beim Tageseinbruch den lokalen Gottheiten Opfer dar. Die Stadtbewohner waren entsetzt, denn jetzt, nach dem Opfer halten ihre lokalpatriotischen Götter zu den Römern.
Weiterer Widerstand war an der Wurzel geschlagen, die Kampfmoral verschwand sofort und die Römer konnten die Stadt ohne viele Opfer einnehmen. Danach heirateten sie ihre Frauen und der Veji wurde Rom angegliedert.
Eigenschaften-Evolution. Gandalf, der graue Zauberer stirbt und transformiert sich zum Weißen Zauberer. Die große Form findet diese Trope im

Bildungsroman. Z.B. in Paulo Coelhos „Der Alchimist."

Diese Kategorie spielt eine eher untergeordnete Rolle, wobei die christliche Religion immer an die „Änderung der Sinne," Metanoia, (μετάνοια, Altgriechisch, Anm. d. Verf.) erinnert. Allerdings hat diese Kategorie in einigen Kulturen durchaus einen hohen Status. Die Kleidung eines katholischen Priesters wandelt sich von schwarz zu rot oder gar weiß. Auf diese Aspekte wird ein geschulter Beobachter stets genau achten.

Kausalität-Tilgung: Der zeitliche Bezug von Ereignissen wird nicht als eine kausal entwickelte Reihe gedacht. So kommt das Kind zur Welt, nachdem die Frau gelacht oder einen Fisch gegessen oder einen Kaffee getrunken hat. Ebenso finden wir diese Kategorie bei Spaltungsprozessen in diversen Romanen.

Variation: **Sukzessions-Tilgung**: Dazu gehört auch in den Seifenopern so gern verwendete Amnesie (Gedächtnisverlust) der Erinnerungsfunktion. Darauf beruhen auf der rezeptionsästhetischen Ebene alle möglichen Verwechslungskomödien und „quid pro quos."

(„Shakespeare in Love, der Kaufmann von Venedig, etc.)

Dazu gehören auch die Varianten der Spaltung einer Person oder einer Person in einem Buch. Das zeitlich ungetrennte einer Person, ihr „Bei-Trost-Sein," fällt bei der Anwendung dieser Kategorie weg.

Wenn der Wegfall einer logischen kausalen Folge oft als verdeckter Widerspruch unbemerkt bleibt und äquivok mit der Masche: „Es ist danach passiert, also ist es logisch notwendig passiert," kaschiert wird, ist die raumzeitliche Einheit der Person immer noch das, was die ganze Welt als Apriori gegeben annimmt.

Wir werden am Ende des Buches noch einmal darauf zu sprechen kommen. Man denke nur an Dr. Jeckyll und Mr Hide.

Fazit

So funktioniert die gesamte Archaik. Sie ist die Rückkehr zum Nicht-Individuellen, nicht Logischem und nicht Technischem, zum Vermengten und Vermischten. Die Rückkehr der Moderne zur Antimoderne.
Die Archaik ist sehr gefährlich. Sie ist ein regressives Phänomen, genau wie der Schlaf. Aber sie fungiert auch als ein Atemholen, ein Ablegen der Verpflichtungen der Bürokratie, des unbedingten Vorwärtsdrängen der Moderne.
Allerdings muss der künftige Künstler manchmal zurück zum Nullpunkt. Die Archaik ist ein solcher Nullpunkt, da wo alles ineinander mit dem anderen war.
Dem Schriftsteller hilft sie, die Kräftelinien seines Romans nachzuvollziehen und zu entwickeln. Doch erneut sei an die Gefahr der Archaik erinnert.

Universalien und Tropen
Die Archaik ist also aus mythologischen „Universalien" zusammengesetzt. Ich definiere den Begriff quantitativ: immer, wenn eine Stelle der Erzählung das Konzentrationsmaß des Lesers messbar erhöht, könnte es sich als Ursache um eine mythologische Universalie oder eine Trope handeln.
(Dabei machte sie eine Geste mit den mit beiden Händen, als würde sie ein Kleid abstreifen.)
Eine *Trope* ist eine Ballung dieser Universalien aus dem großen Diskurs des *Mythos*, oder des Kol-

lektiven Unterbewusstseins welche sich wiederholt und sich in vielen Völkermythen finden lässt. Eine Universalie, z.B. „der Faden" liegt uns als ein Anschaungsobjekt vor, eine *Trope* hingegen dehnt diese Universalie erst zu einem Akt der Intention weiter aus. So ist der Faden ein Bestandteil der Geschichte von Ariadne, Theseus und dem armen Minotaurus. Ebenso ist diese Universalie ein objektiver Konvergenzpunkt, man könnte auch „Symbol" sagen, z.B. für Gesten der Distanzermittlung mittels der Stimme, des Kerzenlichts (vgl. serbischer Nationalmythos), des Aufleuchtens von irgendetwas, des „la glaze" (Der Blick, frz. Anm. d. Verf.) als das Objekt Klein a, das den casus belli bei den verrückten und mörderischen Schwestern Papin, darstellte, etc. Man zieht einen unsichtbaren Faden zwischen sich und dem Objekt. So wurde die Universalie quasi gedehnt oder gestaucht, verdichtet. Beim Amors Pfeil werden wir das wiederfinden.

Ein Pfeil, z.B. der vom Amor, ist der sichtbare Restsatz dieser Trope: der Faden. Wir werden darauf noch zu sprechen kommen.

Sie lässt sich sogar überall in der objektiven Wirklichkeit auffinden und ist nicht bloß psychisch, wenn auch das Wort Psyche im Sinne vom „kollektiven Bewusstsein" gemeint ist. Sie ist dinglich im besten Sinne dieses Wortes.

Beginnen wir also mit den ganz großen davon.

1. Dichotomie von Kosmos und Chaos oder der Strich

Die Welt aller Völker zeigt eine Dichotomie von der Welt der Unteren Sphäre, welche auch mit dem Mond assoziiert war, sowie der oberen Sphäre als die Welt der Sonne und der Sterne als des Prinzips von Ordnung. *Der Mythos wird von der Frau regiert.*

Sie ist die eigentliche und die erste Erzählerin für das Kind.

Wie wir inzwischen wissen, gilt das Matriarchat als eine recht frühe bzw. späte Erscheinung. Im Matriarchat galt die Frau als eine Person. Sie war wichtiger, als der Mann, da sie die Geberin des neuen Lebens war, denn der kausale Bezug zwischen dem Geschlechtsakt und der Geburt war dem archaischen Bewusstsein nicht präsent.

Kinder wurden „einfach so," aber aus Frauen, nicht aus Männern geboren. Wohl ahnt das archaische Bewusstsein bereits einen Kausalzusammenhang. Und hier kommen wir zu unserem ersten Thema.

Die Geburt kann für die Archaik durch alles Mögliche gestiftet werden. Eine Frau aß einen Fisch und wurde dann schwanger. (Estnisches Märchen) (Übrigens sind viele Träume junger Frauen von Fischen ein Hinweis auf eine ambivalent gewollte und gefürchtete Schwangerschaft. Sie lachte, und wurde schwanger. (Beobachten Sie kichernde Gruppen junger Backfische: es kommt immer ein Moment, wo eine, meist die reifste aus der Gruppe, sagt: „Mädels, Ruhe jetzt. Sonst passiert noch was."

Doch was soll passieren? Die Schwangerschaft. Sie schaute jemanden an, und wurde schwanger. Denn Sex haben sie immer alle gehabt in ihrer steinzeitlichen Gruppe.

Dass die Frau als eine Person empfunden wurde, ist auch und vor allem am Kostüm bemerkbar. Wurde der Leib eines Menschen mit einem Gürtel an der Taille umschnüret, so bedeutete dies, dass die obere Welt des Kosmos von der unteren Welt des Chaos getrennt worden ist und somit die wichtigste ethische Dichotomie geschaffen wurde. Daraus ließe sich bereits eine einleuchtende Formel ableiten: Seit dem vergangenen Zeitpunkt, von welchem an die Frau umgürtet dargestellt wird, war in der betreffenden Kultur n o c h die Erinnerung an das Matriarchat manifest.

Archäologische Funde geben uns hinsichtlich dessen Auskunft. Mit dem Einzug des Patriarchats verliert die Frau den Gürtel. Einfach gesagt: findet der Archäologe kein Gürtelkostüm der Frau, war die betreffende Epoche frauenfeindlich.

Dies könnte bedeuten, dass die Angst vor der Frau in die Kultur Einzug erhalten habe.

Im Usbekischen Nationalkostüm finden wir keine Umgürtung bei der Frau. Dies könnte bedeuten: die Umgürtung der Frau wurde bereits in der Vergangenheit, als das archäologisch-folkloristisch sedimentierte Nationalkostüm entstand, vergessen.

Im Georgischen Nationalkostüm hingegen findet sich noch eine deutliche Umgürtung der Frau. Der Schluss wäre an dieser Stelle der umgekehrte.

Dieses kulturellen folkloristischen Schlüssels kann man sich mit beinahe unfehlbarer Sicherheit bedienen.

Aber Sie fragen sich sicherlich: „und das Korsett?" Das Korsett ist ein vertikaler Gürtel und hat den eigentlichen horizontalen Gürtel höchstens noch als eine romantische Schleife übrigbehalten. Wissen Sie, was „Eva," ja, die nämliche Eva bedeutet? Sie bedeutet nicht die Rippe, sondern die „Seite," die „Kante," oder modern formuliert: Modus, Aspekt ihres Mannes. Sein Korsett.

Das Korsett ist gerade kein Gürtel, weil es nur einen Aspekt der Frau herausstellt und zementiert. Gerader Gang, Schlankheit, abgedrehte Sauerstoffzufuhr: all das macht sie für den Mann attraktiv.

Meine Damen und Herren, bitte beachten Sie, dass ich hier und während der ganzen Schrift keine Assoziationen zum Phallus herstelle. Das tun Sie gerade selbst.

Erst mit dem Einzug der Postmoderne verliert der Gürtel die signifikante archaische Bedeutung, die ihm zukam. Die Postmoderne spielt mit archaischen und nicht archaischen Mustern, (Levi-Stauss sei Dank) welchen keine feste Bedeutung mehr aufweisen, sondern sich aus dem Sinn einer Partialstruktur. Was heißt das? Ich kann doch nicht alles haarklein erklären!!! Kindas!

Man versuchte sie beruhigen.

Auch im russischen Nationalkostüm findet sich keine Umgürtelung der Frau, und wenn sich eine findet, dann ist der Gürtel nur eine dünne Schnur, wohl aber eine dicke, reich verzierte Umgürtelung beim Manne.

In der patriarchalen Kultur ist der Hosengürtel des Mannes ein klassisches Attribut des Mannes, sein Verlust ist unersetzlich und wiegt schwerer, als der Verlust der Geschlechtsbekleidung. Er ist dem Mann gewissermaßen zur zweiten Natur geworden. Bekannt ist, dass Ivan der Schreckliche sich mit dem päpstlichen Legaten in eine Polemik verwickelte, welche den Ort des Tragens des Kreuzes zum Gegenstand hatte. Ivan nahm Anstoß an dem Kreuz, welches auf den Schuhen des Legaten, also unter seinem liturgischen Gürtel platziert war. Der Legat erwiderte, dass Jesus Christus auch den Füßen gekreuzigt wurde, daher sei die Betonung dieser Körpersphäre legitim.

Der Besen und die haarige Hand

Die haarige Hand (de manu)

„Nein, nein, Toussac, halt," schrie der Philosoph, und seine sonst so sanfte Stimme erhob sich zum Gekreisch, als mir die haarige Hand des Giganten neuerdings an das Kinn griff."

Dies ist ein Ausschnitt aus Conan Doyles Kurzgeschichte: „An der alten Mühle." In Deutschland ist der Ausdruck der „Haarigen Hand" als Synonym für einen mächtigen Mäzen und Gönner nicht mehr präsent. In der russischen und britischen Kultur scheinen noch Redensarten übriggeblieben zu sein, die dies nahelegen.

Eine mordwinische Folkloreerscheinung. Vielmehr ein Nationalgericht aus der Hauptstadt Mordwiniens Saransk.

Die Pfote des Bären. Es handelt sich um eine Art Bulette, früher aus Bärenfleisch, ein Fleischgericht welches kunstgerecht in der Form einer Bärentatze serviert wird. Sie wird in zahlreichen Restaurants gereicht. Die Tatze des Bären gilt dort als ein Symbol aus der Zeit der Jäger und Sammler für den Füllhorn. Die benannten Aspekte gehen einher auch mit dem Mythos aus den Pyrenäen, welchen ich in einem Buch der in Frankreich sehr bekannten Analytikerin Francoise Dolto gefunden habe.[vii]

Es sei Sitte gewesen, unruhigen Kindern, ja Kindern überhaupt, die Tatzen der Murmeltiere oder der Tausendschläfer an die Brust zu hängen. Damit kämen diese zur Ruhe und würden besser gedeihen. Und warum um Alles in der Welt bevorzugen Kinder pelzige Spielsachen? Ganz einfach, weil sie die Kinder an dem Füllhorne erinnern: genug Nahrung, genug Sicherheit, genug Mutter.

Wir merken: die Bräuche des gesamten eurasischen Kontinents, auch des Balkans, geben uns Auskunft über die Trope: die haarige Hand. Die Tatze des großen Totem-Tieres wird als die Hand des archaischen animalischen totemistischen Vor-

fahrens gedacht. Man ging sogar soweit, dass man die Bärentatze in den Rang eines Götzen erhob und sie: „Gott des Viehs," oder „Viehgott" nannte. Noch im 19. Jahrhundert zahlte man für die Bärentatze ein zehnfaches, als man für das Bärenfleisch gezahlt hätte. Größten Verbrauch an Bärentatzen vermeldet nach wie vor China, woraus dort Potenzmedikamente hergestellt werden. Man habe die Frauen aufgefordert, auf die Handrücken (sic.) der Hände des Mannes zu achten und ob diese behaart seien. Diese Eigenschaft verband ihn mit dem archaischen Urahn: er würde sich gut um seine künftige Frau kümmern. Auch schätzten die alten Slawenvölker der Westslawen (Sorben, Polen, Bulgaren Tchechen, Slovaken, Slowenen, Kroaten, Serben, etc.) und der Ostslaven (Russen, Ukrainer, Weißrussen und die Balten, etc.) Portemonnaies aus Bärenfell. Sie sollten Geld anziehen. Seltsam, dass die Mode oft zu Artefakten mit hoher archaischer Aufladung zurückkommt. Pelzige Portemonnaies waren bis vor kurzem auch hierzulande Mode. Auch im Stadt- und Gemeindewappen zahlreicher deutscher Städte, darunter Nienburg und Hoya findet sich die Tatze des Bären. In den Zeiten des Mangels nimmt der archaische Mensch zu der „haarigen Hand" seine Zuflucht und bittet so die archaische Welt des Chaos um Hilfe, indem es sich Abbildungen der, manchmal segnenden Hände betrachtet: wir finden Abdrücke der Hände bereits in den prähistorischen Höhlen, wo der/diejenige die einen blutigen Initiationsritus durchlaufen haben, den blutigen Handabdruck (die Initiation war eine blutige Angelegenheit) als eine Art Unterschrift in der oberen Ecke der Höhle hinterließen. (Höhlen von Lascaux.)
Oft fehlt der kleine Finger. Auch moderne Projektionsflächen, wie die Hollywood-Stars verewigen sich damit. Der Mensch, welcher einen Zuspruch

des archaischen Vorfahrens brauchte, musste seine Hand also an den Abdruck legen.

Auch an dem sog. „Nursery rhyme", einem Bestandteil der Kinderfolklore vieler Länder findet sich die aktive Verwendung der Hände, welche von der Hirnforschung auch zur Aktivierung beider Hirnhemisphären als sinnvoll erachtet wird.

Dabei klatscht das Kind im Takt mit den Händen der erwachsenen Gouvernanten oder einfach der Eltern. In Russland vollzieht diese Tätigkeit meist die Großmutter. Sie spricht dabei schreckliche Verse:

„Lada, Lado, Laduschki
Wo wart ihr?
Bei der Großmutter.
Was habt ihr gegessen? Brei.
W as habt ihr getrunken?
Honigbier."

Evident ist, dass hier ein ritualisierter „Leichenschmaus" geschildert wird. „Brei" und „Honigbier," sowie gequollene Weizenkörner gelten überall als traditionelle Speisen zu diesen Angelegenheiten. Jedes Essen ist sakral, es symbolisiert die Beziehung zwischen den Lebenden und den Toten. Nichts ist ritualisierter, als das Brot des Lebens. „Lado" scheint eine auf die indoeuropäische Wurzel „aldh*" (indoeuropäische Protosprache, Anm. d. Verf.) zu rückzuführen zu sein. Vermutlich ist die Gottheit der Liebe und des Wohlstandes gemeint. Die Eltern versinnbildlichen hier für das Kind den Ur-Ahnen, an dessen Geschicklichkeit und Macht seine Hand zu partizipieren lernen soll. Ein weiteres bekanntes biblisches Beispiel ist Moses, der mit erhobenen Händen, mit welchen er sich mit JAHWE verbindet, das Rote Meer aufteilt.

Auch von der Philosophie wurde diese Trope nicht übergangen. Denken Sie an Derridas Aufsatz mit dem postmodernen Titel: „Geschlecht (Heidegger), welche im Untertitel lautet: Sexuelle Differenz, ontologische Differenz - Heideggers Hand (Geschlecht II). Ich erspare hier die Details, nur so viel Vermutung sei geäußert: die Hand war auf dem Weg zur Theoriebildung der Fudamentalontologie Heideggers. Die aristotelischen Dinge (res) verlieren bei Heidegger im Zuge seines fundamentalkritischen Unterfangs der gesamten abendländischen Philosophie angefangen mit Parmenides ihren ontologischen Status als Dinge an Sich, frei und unvergänglich, und werden zu „bloß" ontisch Zuhandenem. Sie spielen der Hand in die Hände. Und obwohl der Hand selbst nicht der Rang einer subsistierenden Person zukommt, muss sie dennoch als etwas ontologisch „höher" stehendes gedacht werden, obwohl sie dem gespaltenen Subjekt eines postcartesianischen Menschen wiederum auch nur ein Ding ist. Was allerdings aus dem vorher Gesagten erhellt, ist, dass Heidegger durchaus nicht die Archaik der Hand erfunden hat. Übrigens: Die Hexe in „Hänsel und Gretel" lässt sich von den Kindern ihre Finger zeigen: sie will wissen, ob sie die Initiation bereits durchlaufen haben und diese denn selbst durchführen. Bei der Initiation, das beweisen viele Höhlenbilder, fehlt der kleine Finger der linken Hand. Diese Trope war z.B. auch für eine schreckliche Märchen-Figur bemüht. Der sowjetische „Mojdo-dyr," (sinnb. als: „Wasche, bist du Löcher kriegst," Anm.d. Verf.)

Es ist ein Riesenwaschbecken, das in den Zeiten der kommunistischen Säuberungen Jagd auf schmutzige Kinder macht. Er ist umgeben von Gehilfen: Seifen und Bürsten (Besen.) Das hat etwas mit Stalins Regime zu tun.

III.
Mythos und Zeit

Initiation

Was geschah bei der Initiation? Erstellen wir eine Art möglichen Vorgang. Ein Mensch, so um die 14 Jahre alt, wurde in eine dunkle Höhle gebracht. Dort bekam er einen kräftigen Schlag mit der Keule auf den Hinterkopf, so dass es zu einer Bewusstseinstrübung kam. Dann wurde er auf einen Stein gelegt. Daneben lag ein Schwein oder ein sonstiges Tier. Dieses Tier wurde aufgeschnitten, die Organe wurden herausgenommen, gewaschen wieder platziert und vernäht.

Auch der Abiturient bekam eine Narbe auf der Brust, und zwar eine solche, die lange nicht heilte. Als er zu sich kam, dachte er oder sie, dieser Vorgang sei mit ihm passiert. Er hat sich dem Tod gestellt und hat ihn nun überwunden. Manchmal wurde einfach der kleine Finger dazu noch abgehackt. Aber irgendwas wurde gewaltsam mit dem Menschen getan. Denken wir an „moderne" Initiationsformen, die zuweilen nicht weniger grausam sind. Je weiter sich der Mensch in Richtung Person sich entwickelte, umso individueller wurde die Initiation. So musste unbedingt ein jeder keltischer Prinz, der etwas auf sich hielt, einen Eber zu Tode jagen

. Exkurs: Rotkäppchen (lupus sanus in avia sana)

Wir haben uns gerade verbreitet, aber denken wir daran, was wir gerade behandeln. Die Initiation

61

bedeutet auf einer metatheoretischen Ebene das Bändigen der Kräfte des Tieres, des Totem-Tieres, im Menschen. Wir werden immer wieder darauf zurückkommen. Wir werden beim Rotkäppchen zu keinem zufriedenstellenden Ergebnis kommen. Aber der Weg ist es wert.

Es wurde erbaulich viel über das Rotkäppchen gerätselt und wir wollen unseren Senf hinzutun. Wir schweigen von den gendertheoretischen Konnotationen, von dem Einfluss des Baron de Retz und Jeanne D'Arc auf Charles Perault.
Wieso schickt eine Mutter ihre rot (Rot: Farbe der Initiation, da Farbe des Blutes, im Zeitalter ihrer ersten Periode, denn: rotes Käppchen) bekleidete Tochter allein in den Wald? Draußen gibt es Wölfe und der Weg ist beschwerlich lang. Wieso hat sie ein rotes Gewand an? Rot war seit jeher die Farbe des Opfers und die Farbe des Herrschers. Nur ihnen war sie vorbehalten. Doch das Mädchen hat eine Aufgabe in ihrer konkreten Lebenszeit. Womöglich symbolisiert die rote Farbe den Beginn ihrer ersten Regelblutung und damit den Beginn ihrer Initiation zur Frau, zum vollwertigen Menschen. Da wir hier nicht die genauen Etappen der Initiation besprechen, (s.u.) haben liegt daran, dass man bei Frauen dieses schreckliche Ritual ausließ und es sich bei dem Märchen um ein sehr altes Märchen handelt.
Denken wir daran, dass nicht initiierte Männer im Mythos zum Sterben verurteilt sind und daher nicht als Menschen, sondern als eine andere Kategorie gelten, denn sie sind weder Tiere noch Menschen.
J.K. Rowling behandelt diese Kategorie Mann unter den Hauselfen. Der Hauselfe Dobby hat nie sein Haus verlassen, wahrscheinlich weil seine Vorfahren sich geweigert haben, eine Initiation zu durch-

laufen. Die erste freie Tat des Hauselfen führt zu seinem unweigerlichen Tod.

Kurz und gut, bevor man noch weiter rätselt: Mutter will die Tochter nicht mehr im Hause haben, weil jetzt des Rotkäppchens natürliche, archaische Kräfte wüten.

Exkurs: Noch als ich ein kleines Mädchen war und meine Periode bekam, hat meine Patentante mir verboten, Sauerkraut aus dem Keller zu holen, denn es galt das Gesetz: „Wenn ein menstruierendes Mädchen Sauerkraut anfasst, wird der ganze Sauerkraut schlecht."

Eine komische Oma, übrigens wohnt alleine im Wald, nicht etwa auch im Dorf. Haben Sie so eine schon erlebt?

Lösen wir es auf: nicht der Wolf frisst das Rotkäppchen: die Oma frisst das Rotkäppchen. Abgesehen davon, dass die Oma und Ur-Ahn, das Totem-Tier hier ein und dasselbe ist, ist die Oma eine Metapher dafür, dass das Rotkäppchen nicht mehr gefährlich ist. Ihre Kräfte sind gebändigt. Sie ist kräuterkundig geworden, meinetwegen. Der Gang des Rotkäppchens zur Oma (Wolf) ist der Initiationsgang einer reifenden, aber eben noch nicht reifen jungen Frau, deren Kräfte entfesselt sind, worauf die rote Bekleidung verweist. Das erkennt der Initiationsleiter, männliche Repräsentanz (Wolf) und schickt sie auf den „langen Weg." Der Wolf ist das Mittel der Initiation, die Oma das Resultat davon, doch sie sind Modi ein und derselben Sache.

Der Frau war es also gestattet, vom Herd wegzugehen, um die Früchte der Handarbeit dem Vorfahren oder dem Urtier als Opfer darzubringen. (Die Bibel erwähnt im Buch Leviticus bereits Bäckereien als Opfer, die dem alttestamentarischen JAHWE gefallen können.) Doch das sind nur beiläufige Interpretation. Wir merken, wie gefährlich und groß der archetypische Herd ist.

Gruselig ist das Märchen vor allem deswegen, weil es zyklisch ist. Jedes Rotkäppchen wird einmal eine Oma, selbst wenn sie das I-Pad bedienen kann und nicht etwa häkelt. Eine Oma mit I-Pad ist für viele eine schreckliche Vorstellung.

Sprechen wir über die böse Schwiegermutter oder

Carolus i domum! (Karl Marx, geh nach Hause.)

Da wir schon von Märchen sprechen: Wir wissen, dass die böse Schwiegermutter erst sehr spät in den Märchen auftaucht. Früher, wo Matriarchat herrschte, gab es so etwas nicht. Der Stamm selbst schickte die Kinder zur Initiation. Erst mit dem Aufkommen vom Privateigentum erscheint die Schwiegermutter sich deutlich zu kristallisieren (Vgl. Aggranovitch). Das böse, das künftig mit der Frau assoziiert wird, z.B. im Film: „der Teufel trägt Prada," entwickelt die Figur des Sukkubus (weiblicher Dämon, Anm. des Verf.) und dann die des weiblichen Vamp. Dieser Vamp geht früh von zuhause weg, vergisst Mutter und Vater, schnappt sich einen dummen, schlechten Mann und beginnt, das „Gute" im Menschen auszurotten. Wohlgemerkt: die böse Schwiegermutter hasst das Aschenputtel nicht einfach dafür, dass das Mädchen am Leben ist. Genug zu essen scheint im Haus zu sein. Sondern wegen des Privateigentums. Sie denkt sich wahrscheinlich: „Da habe ich diesen Idioten geheiratet, der krepiert bald unter meiner feinen Anleitung und dieses Balg wird alles erben? Niemals."

Noch in der Liebesdichtung der Troubadoure finden wir nur Männer als Schurken! Doch sie hat sich durchgesetzt: die prototypische weibliche Antiheldin mit Xanthippe als Urherrin.

Die Raute und der Zopf. (de friesibus)

(Psychoanalytysche Ebene: Vagina und Phallos) In der
Populärkultur tauchen zwei archaische Symbole auf, die es zu entziffern gilt. Die Raute (das Kreuz und das Quadrat) und der Zopf. Die Raute symbolisiert zunächst das Wohlergehen, weil sie schematisch eine sitzende, zum Geschlechtsverkehr bereite Frau repräsentiert. Wir finden sie in der Nabelgegend von archaischen weiblichen Statuen der sog. „paläolithischen Madonnen," welche z.B. in Italien gefunden wurden.

Auf der archaischen Ebene bedeutet dies das Wohlergehen auf nutritiver, materieller Ebene, auf der kultureller und geistiger Ebene symbolisiert sie ein geistiges und kulturelles Wohlergehen. Denn auch in der Ikonographie ist das Symbol der Raute, diesmal auf Marienikonen durchaus oft zu finden.

Das Märchen von Rapunzel gibt uns Auskunft über ein anderes Symbol, **den weiblichen Zopf**, welcher den Mann rettet, damit er Rapunzel retten kann. Ariadnes Faden ist ebenfalls ein Zopf und errettet Theseus aus dem Labyrinth, also aus der vorzeitlichen Unterwelt der minoischen Kulturepoche. Bei vielen asiatischen Völkern versenkt die Frau ihren Zopf in ein archaisches Grab oder ein unterirdisches Verlies, um den archaischen Helden zu retten.

Bedeutend ist, dass der ein geflochtener Zopf stets oder sehr oft als ein männliches Symbol auftaucht. Der Mann war eigentlich das Intentum dieses Symbols, wobei der Herstellungsprozess wohl ein weiblicher war.

Der Zopf ist zu einem Horn also ein Stück fest verwobene Schicksal-Naht.

Man braucht hierfür nur die Militäruniform zu betrachten. Ihre zahlreichen, zopfartigen geflochtenen Verzierungen geben die Nähe des Zopfes zur Gefahr bekannt.

Die Hörner

In vielen Kulturen werden die Haare der Frau zu einer Art Hörnern zusammengebunden. Die Assoziationen mit Macht sind nahe, auch die Nähe der Hörner zur Hand. Wir finden viele Darstellungen von Muttergottheiten, welche das Geweih eines Hirsches aufweisen und von der Frau mit beiden gespreizten Händen imitiert werden.
Mit dem Einzug des Christentums musste das Horn als Attribut der Macht möglichst nicht oft vorkommen. Die Frau hatte ab dato ihre Haare und ihre Frisur zu verbergen und damit symbolisch die Macht an den Mann im Naturzustand zu übertragen.

Das weibliche Haupthaar gilt vielen Kulturen als sakral. Bekanntlich müssen muslimische und orthodox-jüdische Frauen ihr Kopfhaar immer im öffentlichen Raum verhüllen, dürfen es gleichwohl nicht schneiden. Es sei ihrem Mann zur Rettung, zum Vergnügen und zur Kontrolle über die Frau beim sexuellen Akt vorbehalten. Eine weitere Erklärung könnte darin liegen, dass Frauen nach einer Entbindung an Haarfülle verlieren können. Ein Teil ihrer Kraft ging somit an ihre Kinder über. Die Männer müssen dagegen sich die Haare schneiden lassen, während sie in manchen Kulturen doch bestimmte Haarteile als Zeichen der Gesetzeskundigkeit bzw. der Unterwerfung an einen Kaiser, unberührt zu lassen haben. Man denke etwa an die Samurai mit ihrem Zopf, während der Rest des Kopfes kahl rasiert ist. 26 Wenn man will, kann man den Faden auch mit dem Schicksalfaden identifizieren. Solange dieser Faden von den Schicksalgöttinen geflochten wird, wird das Leben andauern. Man folgte in der Religionskunde lange einer (aktuell wohl als unrichtig herausgefundenen) Übersetzung, dass das Verb *religare* so etwas wie das „Anbinden mittels eines Fadens zu einem Knoten (vgl. Pons Latein)" bedeutet. Diese Etymologie wird gewohnheitsrechtlich beibehalten.

Der Besen, der Baum, das Gestell (de virgis)

Wir alle wissen, dass der Besen als ein Attribut der Hexe gilt. Angeblich fliegen die Hexen aller Kulturen damit zu einer Stätte ihres dunklen Kults. Die psychoanalytischen und physiologischen Erklärungsansätze sind zahlreich und daher kann man sie auch übergehen. Was mich interessiert hat, war die Tatsache, dass der Besen auch in anderen Kulturen als ein wesentlich positiv besetztes Attribut auftraf. Es ließe sich die These aufstellen, der Besen und sein Ursprungsort, der Baum (des Lebens) oder der Strauch, oder Dornbusch das Werkzeug der archaischen Götter bei der Erschaffung der Welt seien. Erst wenn der Mensch, dessen Ideal-Ich ein Gott ist, mit dem Besen den Ort seines künftigen Bleibens reinigt, entsteht ein Raum für das menschliche Leben. In der Japanischen Kultur ist der Besen eine Form des Geschenks. Es symbolisiert zumindest die Reinigung der Seele oder die Verzierung und die Vollendung. Als Teebesen ist es ein teueres Attribut der Teezeremonie. Ganz zu schweigen davon, dass der Besen als Pinsel sich sowohl in der fernasiatischen Kultur an der Erschaffung der Schrift materiell beteiligt war. Und sofern ich weiß benutzen manche Maler immer noch Pinsel um zu malen. Denken wir auch an das heidnische Ritual des Fegens, welches vor einer Geburt von den Hebammen vorgenommen wurde, um böse Geister zu vertreiben, die das Kind fressen könnten. Hier war die Verwendung des Besens also der kollektiv vorbewusste Vorläufer der medizinischen Sterilitätsgrundsätze. Ganz zu schweigen von den Rasierschaumpinseln. Doch wichtiger scheint zu sein, dass der Besen im Form des Pinsels wohl an der Entstehung der chinesischen Schrift, welche womöglich noch vor der phönizischen und sumerischen Keilschrift zu datieren ist, und somit der symbolischen Ordnung der Kultur maßgeblich beteiligt war. Auch der brennende Dornbusch erinnert an einen Besen, womöglich nicht umsonst. Wer braucht heutzutage einen Besen, wo er längst durch Staubsauger ersetzt wurde? Der Staubsauger stellt im Bezug zum Besen ganz klar einen Rückschritt aus der Archaik da, da es den Besen rein funktional gemacht hat, aber es ist ein Besen zweiter Ordnung und die ontische Ableitung, z.B. (Dornbusch, Besen, Pinsel) nicht mehr so funktioniert. Amelie Notomb,„ schafft es allerdings in ihrem Buch: „Metaphysik der Röhren" auch dem Staubsauger eine metaphysische Seite abzugewinnen, denn obwohl der Sauger laut ist, ist er weit weniger gefährlich, als ein Besen. Ein Staubsauger ist das harmloseste Haushaltsgerät. Ein Staubsauger macht inflationär viele Geräusche und hat gerade dadurch, dass er ein kastrierter Besen ist (man kann damit nicht all das machen, was man mit einem Besen machen kann), die Seiten an sich, welche der Besen in seiner Stille nicht hat.

Und dennoch ist die Rückkehr zum Besen und in der Terminologie Heideggers (Kehre) zur „Sorge," etwas ganz Essentielles und Archaisches. Wer immer noch nicht von dem „göttlichen Ursprung" des Besens überzeugt ist, dem möchte ich noch ein Gedicht eines führenden frühsowjetischen Futuristen mit 35 Jahren an Hunger und leichter Schizophrenie verstorbenen Dichters zitieren:

Die Dauerhaftigkeit des Vergnügens und des Schmutzes (Daniil Harms, 1933)

Das kühle Wasser rauscht im Bache
Der Schatten legt auf die Felder
Das Licht im Himmel ist verloschen
die Vögel Fliegen in den Träumen.
Allein der Straßenfeger immer
Steht ungerührt vor seinem Tore
Und kratzt mit seinen Dreckgen Händen
Hinter der Mütze seinen Schädel.
Und innen feiert es unbändig, im Takt der Füße,
Laut der Flaschen.

Der Tag vergeht, und dann die Woche,

Und dann verfliegen schnell die Jahre
Und auch der Menschen lange Reihen
Verschwinden aufgereiht im Grabe
. Allein der Straßenfeger immer
Steht ungerührt vor seinem Tore
Und kratzt mit seinen Dreckgen Händen
Hinter der Mütze seinen Schädel.
Und innen feiert es unbändig, im Takt der Füße,
Laut der Flaschen.

Der Mond und Sonne sind verblichen
Die Sternenformation verändert
Bewegung krümmte sich im Bogen
Die Zeit nahm Form des Sandes an.
Allein der Straßenfeger immer
Steht ungerührt vor seinem Tore
Und kratzt mit seinen Dreckgen Händen
Hinter der Mütze seinen Schädel
. Und innen feiert es unbändig, im Takt der Füße,
Laut der Flaschen

. Der Straßenfeger (de atriensi)

Worum geht es hier? Lassen Sie nur so viel sagen.
Der Straßenfeger scheint hier ein Bild für den
„Deus Otiosus," den ruhenden, untätigen Gott zu
sein, welcher seine Welt nicht fegt. Wieso ist ein
Straßenfeger, den man heute sowieso selten an-
trifft, Gott? Zumindest in der christlichen Tradition
erniedrigt sich Gott um die Welt zu erschaffen und
schließlich als armer Bettler, geschlagen und gedemütigt ans Kreuz geschlagen zu werden. Damit
verfällt seine Welt. Sie verfällt nicht nur nach physi-
kalischer, sondern nach einer metaphysischen und
somit unserer Erfahrung verschlossenen Regelmä-

ßigkeit seines freien Willens zum Handeln oder zum Unterlassen. Gleichräumlich, als Begriff, mit der Regelmäßigkeit und dem Verfall bleibt der Raum des Festes (Vgl. Gadamer) bestehen.

Das Fest ist dem Blick des Straßenfegers gleichzeitig, das Fest hört niemals auf, es bleibt mit ihm die einzige Konstante.

Täuschen wir uns aber nicht beim schönen Gedicht über die Ewigkeit des Festes. Tritt im Akt des Fegens eine „Kehre" ein, so dass das Subjekt des Fegens ganz verschwindet, so steckt im Fegen nicht nur ein schöpferischer, konstruktiver Aspekt, sondern auch der Aspekt der absoluten Annihilation der Materie und des Krieges sowie der Ausschaltung politischer Feinde auf der Seite des menschlichen Kollektivs. Eine Peitsche ist übrigens auch ein Besen. Nicht umsonst spricht man zynisch, perfid und unfassbar grausam politischen Morden als „Säuberung," insbesondere von „stalinistischen Säuberungen." Und in der Tat ist der Diskurs des Fegens stark vom bolschewistischen Vorzeigedichter, Majakowski mitgestaltet, der wahrscheinlich nach der Einsicht in das Grauen des Kommunismus Selbstmord beging. Er schrieb:

„Ich kam, um im Fieber des Tags zu kehren Einfach Das Vaterland, das besteht, und dreifach Das Vaterland, das entsteht."

Der Besen ist ein Zeichen des Bleibens im Wechsel. Er ist das Instrument des Scheidens von Seinsmassen mit dem Ziel der Entstehung einer bleibenden bewohnbaren Fläche.

Chronotopos

Am dialektischen Bezugspunkt der Entstehung des Orts des Bleibens durch die Dichotomisierung und die Vermittlung zwischen den Gegensätzen zwischen Oben und Unten, Kosmos und Chaos, Hier und Dort, Urbs und Orbis, Stadt und Wald taucht auch die Welt der Innerweltlichen Dingbezüge auf, welche aufrechterhalten wird und sich in Kulturschichten sedimentiert. In ihr taucht auch der Mythos als primitive Form der Erzählung und der Theoriebildung auf, in welchem das Bewusstsein versucht, seine Welt zu denken und zu strukturieren. Und zwar, weil der Mythos erst dann erzählt werden kann, wenn der Mensch zu einer bestimmten Ruhe und Ruhestätte gekommen ist. An dieser Stelle ist eine Zäsur unseres Buches zu setzen. Die Gestalten, die wir von nun an jetzt behandeln werden, sind wesentlich konkreter und psychologischer und viel weniger systematisch. Doch der Rückgriff auf die Archaik muss immer im Hinterkopf behalten werden. Die Archaik, der Seinsbegriff wo das Sein sich dem Menschen unmittelbar aufschloss, vollzieht seinen Untergang im Mythos.

Der Mythos vollzieht wiederum seinen Untergang auf zweierlei Art: in Form der Demystifikation in philosophische Überlegungen, z.B.

a.) die formale und die modale Logik und

b.) in die Rationalisierung in Form vom Legenden und Märchen. Wir finden zuerst Dispute in der Griechischen Polis, an entstandenen Plätzen des Diskurses. Dort entsteht die Philosophie, die sich noch ernst nimmt.

Die sakrale Grenze (de terminus)

Man könnte annehmen, dass die Kultur eben mit diesem Auftauchen ansetzt, und zwar in der Form der sakralen Grenzziehung, eines sakralen Fadens und der Entstehung der wesentlichen Dichotomie, welche seitdem alles menschliche Denken bestimmt. Gehen wir in Gedanken einen Schritt zurück und denken an den Gürtel. Bei zahlreichen Völkern sind diese in den tieferen Schichten der Folklore anzutreten. Allerdings ist der Gürtel keineswegs ein Ding der Kulturstiftung. Allgemein bekannt ist die Legende von Romulus und Remus. Anzunehmen ist die sakrale Funktion der Grenzziehung, welche von einem Priesterkönig, dem Rex Romulus, dazu gleich mehr, gezogen wird. Er unterteilt die Welt in die bewohnbare und die zu schmückende, ja geweihte Welt der urbs, und die ungeordnete chaotische nomandisierende Welt des Außen, orbis., auf.

Auch der Untergang Roms kam letztlich von Außen. Auch die biblische Erzählung erzählt von der Aufteilung der Welt in den Raum des Paradieses und des der restlichen Schöpfung. Auch wird das Paradies nochmals aufgeteilt in den Ort des Baums des Lebens und den restlichen Garten, wo auch der Baum der Erkenntnis von Gut und Böse steht. Damit Adam und Eva vom Baum der Erkenntnis von Gut und Böse nicht essen, vertreibt der Herr sie aus Paradies.

Im Buch der **Weisheit** taucht die Weisheit selbst personifiziert auf. Sie (Er, Christus, die Weisheit Gottes, Logos) war dabei, als Gott die Erde vermessen und aufgeteilt hat:

„Noch hatte er die Erde nicht gemacht und die Fluren / und alle Schollen des Festlands. Als er

den Himmel baute, war ich dabei, als er den Erdkreis abmaß über den Wassern."

(Bibel, Einheitsübersetzung, Buch der Sprüche.)

Natürlich ist nicht einfach die Grenze als materielles Konstrukt gemeint. Die Grenze ist ein metaphysischer Sachverhalt. Das alterierende Übertreten der Grenze, welches diese verlacht oder durch ungebührlichen und verfälschenden Eifer übertritt (Eva verfälscht und verschärft und verhärtet ungebührlich das Gebot von Gott, wahrscheinlich mit dem Ziel, ein eigenes rigides System der Sanktionen aufzustellen), gilt als Tabubruch, welcher durchaus mit dem Tode oder der Ermöglichung der Sünde bestraft wurde. Doch die Vermittlung zwischen den beiden Welten bleibt eine heikle Sache. Wichtig ist, dass der Vermittler meistens umgebracht wird. Auch Jesus zieht mit Petrus eine Grenze zwischen seiner Kirche im Bild des Felsens, welcher aktiv steht und der Hölle. Die Weisheit ist hier also noch einmal tätig. Auch Ihm kommen die Attribute des Königs zu, welcher die Seinssphären anleitet und sie somit aufteilt, aber auch des Vermittlers, welcher geopfert wird. Um die Grenze zu passieren, bedarf es kultureller Vermittlung, z.B. der Geldsteuer oder sonstiger formaler Akte.

Der Name des Vaters (nomen patris)

Der Name des Vaters wird fast immer in der Psychiatrie verworfen. Die Patienten also wollen darauf nicht angesprochen werden. Doch wir sprachen gerade von der Grenze. Ohne den Namen des Vaters ist keine distinkte Welt möglich: alles versinkt in amorphes Chaos. Der Name des Vaters ist kein ideologischer Begriff, sondern wirkt auch heute, wenn es darum geht, eine Vertikale der Deutungsmacht zu erzeugen. Klingt hochtrabend, meint aber nur, dass wir einen Satz nicht nur verstehen, wenn dieser vor der Kontrastfolie eines Sinnes, eines Bildes oder einer Geschichte in Beziehung gebracht wird.

Bleiben wir bei dem Gruseligen ein wenig. Der Exorzismus Romanus, also der jetzt zugelassene große Exorzismus der Katholischen Kirche formuliert direkt eine Anweisung an den Exorzisten und den zweiten Priester: sie müssen um allen Preis versuchen, den Namen des Dämons herauszufinden. Dafür ist jedes erlaubte Mittel recht:

"Ich befehle dir, unreiner Geist, wer immer du bist, und deinem ganzen Anhang, die ihr diesen Diener (diese Dienerin) Gottes in Gewalt habt: Wegen der Geheimnisse der Menschwerdung, des Leidens und der Himmelfahrt unseres Herren Jesus Christus, wegen Aussendung des Heiligen Geistes und der Wiederkunft unseres Herrn zum Gericht: Gib mir deinen Namen, den Tag und die Stunde deines Fortganges mit irgendeinem Zeichen kund! Gehorche in allem mir, Gottes unwürdigem Diener! Füge diesem Geschöpf Gottes, den Anwesenden oder ihrem Hab und Gut keinen Schaden zu!" (Zitat Ende.) [viii]

Der Name des Vaters ordnet etwas, was aus den Fugen geraten ist, wieder in symbolische Zeichensystem des menschlichen Seins, indem es allem Sachverhalt die Einzelheit zuspricht. Ein Tisch, zwei Stühle, usw. Dabei muss der imaginäre „Papa" gar nicht eine mit dem männlichen Geschlecht geborene Person zu sein.

Oft aber erscheint *dieser Name* an unseren frühen Mentoren, an unseren Freunden und Freundinnen, usw. Wir übernehmen unbewusst auch ihren Stimmklang, manchmal merken wir sogar selbst, dass wir so sind wie sie in diesem Moment.

Dabei ist unser echter, realer Vater hier gar nicht so wichtig. Wichtig ist, dass unsere Mutter eine für uns traumatische Zeit ihren inneren Blick von uns nahm und die Blicke oder bloß den Gedanken einem *Anderen* zuwandte. Der Name des Vaters ist immer dann wirksam, wenn es darum geht, Ordnung herzustellen. Am stärksten und entschlossensten, aber auch am selbstvergessensten wirkt dieser Name in der ordnenden Kraft der Mathematik.

Als Moses den brennenden Dornbusch nach dem Namen fragt, ist die Antwort Gottes spröde (Ich bin, der ich bin, also: Ich bin ein Seiender) ist die Antwort keineswegs polemisch, sondern sie kennt die Problematik. Ein anderer Kultus ist nötig, um diesem Gott zu dienen. Keine Abbilder, keine mit den Abbildern und ihren Standorten (Venus von Sizilien, Diana aus Rom, verbundene Namen.) Man weiß übrigens nicht als Kind, wer dieses Wesen da auf der Liege hockt während dieser Chips füttert und die meiste Zeit nichts sagt, oder tagelang in der Garage steckt, etc. Die Kinder sind dazu berufen, sofern sie mit einem übergreifenden unsichtbaren Gesetz die Erfahrung machten, alles zu tun, damit ihr Vater nicht *fällt*. Zitat: Chekhov. Damit die Vertikale welche sich auch im aufrechten Gang artikuliert, nicht zusammenbricht. Haben sie allerdings eine Subsumtion unter ein anderes autonomes Gesetz (z.B. die Satzung eines

Klosters, die Formel der Ehe, etc.) erlangt, ist der reale Vater nicht mehr relevant. (Die zwei Ehrgeizigen, Thomas Hardi)

Ich habe deswegen so viel vom Namen des Vaters gesprochen, weil die Vertikale, um zu wirken, sich als die große Unbekannte äußern muss. Die Psychoanalyse hat sie aus den Tiefen der Hölle gezogen und hat den Vater vielmehr entblößt, viel mehr das Selbstgefühl eines Jeden stark erschüttert.

Der Trickster und die Schlange (de diabolo) In den Mythen der Völker taucht konsequent die Schwäche des Helden auf, welche an seinen Füßen lokalisiert wird. Die berühmteste mythologische Gestalt mit Beinproblemen ist natürlich Ödipus. Aber auch Achill und schließlich die alttestamentarische Schlange, welche als Strafe ihrer Füße beraubt wurde. Der berühmte Drache, welcher fliegen kann, ist eine Schlange, welche ihr Kriechen „überkompensiert," indem sie anfängt, zu fliegen. Die Fußlosigkeit in ihrer kulturell schwächeren Form ist die Flugfähigkeit. Alles was fliegt, kriecht meistens auch. Oft wird in den Märchen verschiedener Völker fliegendes mit schwimmenden verwechselt. Zurecht?

Ödipus symbolisiert mit der Verletzung am Fuß erstmal, dass er in der Gesellschaft der Menschen, der Menschen die stehen, nicht wirklich dazu gehört.
Er ist nicht wirklich geerdet. Sein Fuß fällt auf. Er ist zu schnell gewachsen, er ist die „Rippe Evas," lediglich ein Aspekt der Person, mit dem Ödipus sich der Welt präsentiert. Der große Fuß ist sein Ego nach Außen. Doch irgendwo im Inneren lauert das

ganze des Ödipus. Sein Unbewusstes, seine archaische Seite und sein archaisches Gewissen.

Er hält freilich den Namen seines Vaters in Ehren, obwohl er diesen realerweise umgebracht hat. Er blendet sich, sobald er von seiner Schuld erfährt und steigt in die Unterwelt, in die unterirdische Korridore Thebens. Sobald er erkennt, dass seine reale Tat nicht mit seinem imaginären Erscheinen als König nicht mehr vereinbar ist, stirbt er de facto.

Die Schlange hat auch einen Mangel an Füßen und wird assoziiert mit List. Sie ersetzt ihren Mangel an physischer Kraft, Geschicklichkeit und Kühnheit durch ihre List. Sie gehört sowohl der Welt außerhalb des Paradieses, aber auch innerhalb desselben, an. Sie ist der Trickster, Grenzgänger. Stets wenn eine mythologische Gestalt Mobilitätsprobleme hat, ist an den Trickster zu denken. Wir merken, dass die Helden der Weltmythen durchaus oft mit den Trickstern auftreten, sogar einige ihrer Züge annehmen. In der griechischen Mythologie ist es dementsprechend auch Hermes, welcher auch fliegende Sandalen besitzt.

Ich hoffe, alle haben verstanden, dass wir hier eine Charakterisierung des Helden gegeben haben. Der Held kommt immer aus einer unbekannten Richtung, er wächst schnell heran, er erlangt p l ö t z l i c h wundersame Fähigkeiten. Alles Wundersame, was der Held erhält, erhält er deswegen, weil er ein Halbtoter, ein Urahn, etc. ist. Er ist unter den Menschen eben nicht heimisch.

Später fliegen auch natürlich auch Mary Poppins, Peter Pan und Karlson vom Dach. Jedes Kind wünschte sich schließlich Flügel, denn das Stehen und Laufen allein wird schnell langweilig. Das stehen reicht nicht aus, damit ein Junge in die phallische Phase kommt. Er muss zumindest vom Fliegen träumen. Die psychoanalytischen Erklärungsversuche wollen wir ja erstmal beiseitestellen. Der Mensch geht aufrecht, er lebt aufrecht, er altert in Würde. Sein Sterben ist ein trauriger Anlass Auch die Kaninchen kommen zu dieser Ehre.

Wie die Karnickel (canicule)

In diversen Mythen wird das Kaninchen später aufgrund von der roten Farbe seiner Augen mit dem Teufel assoziiert.

In den afrikanischen Mythen wird von einem Kaninchen berichtet, welches durchaus eine negative Gestalt ist. Auch auf den Pforten spanischer Kathedralen (nicht weit von Afrika) wird das Kaninchen als etwas böses dargestellt. Er gelange durch den Vorwand der Mundpflege in den Mund, dann in den Magen des starken Tieres, fresse seine Eingeweide und gelange so nach Außen, und singe ein schrilles kindliches Triumpflied, während das starke Tier qualvoll verendet. Dieser Vorfall wurde empirisch nie beobachtet, aber die afrikanischen Erzähler sind davon nicht abzubringen. Sieht ein bisschen nach dem Trojanischen Pferd auf. Würden sie eine solche Sendung von der Post annehmen? Ich nicht. Zumal ich nur eine kleine Einzimmerwohnung habe. Auch an einigen christlichen Kirchen sind die Kaninchen dargestellt, welche die Gedärme des Sünders fressen. Dies hat auch damit zu tun, dass das Kaninchen rote Augen, wie eben ein Dämon, hat. Der Mythos gilt als eine hö-

here Wahrheit als die Empirie. Auch in der Erzäh-
lungensammlungen vom afroamarikanischen Skla-
ven „Uncle Remus" (Autor: John Wandler Harris
1845-1908) taucht das Kaninchen als ein Tier auf,
welches sogar listiger als der Fuchs ist, der ja der
Inbegriff der List ist. Das Kaninchen ist ein Trickster, weil er in Höhlen lebt und somit weder in dieser, noch in jener Welt zuhause ist. Das alte Testament versucht diesen Umstand anders zu übersetzen. Der Hase (Hase und Kaninchen werden
dort nicht unterschieden) ist zwar Pflanzenfresser,
hat aber gespaltene Klauen. Dieses ist bis zur Visi-
on der Apostel von dem gereinigten Gefäß (Vgl.
Apostelgeschichte) als Nahrung verboten. Auch die
Maus gehört dazu. Die Katze hingegen lebt im oberen Teil des Baumes. Sie ist auch ein Trickster,
denn sie gerät zuweilen in einen Kampf mit einer
Schlange. Durch die sog. „Eigenschaften-
Induktion", die wir oben angesprochen haben, auf
die wir noch später eingehen werden, ist sie somit
mit ihrem Gegner verwandt, ähnlich wie Harry Potter mit seinem Feind, dessen Namen wir nicht aus-
sprechen wollen, weil der Raum hier zu knapp ist.
33 Und wer kennt nicht den berühmten „Hasen-
fuss?," wenn einer sich vom Acker macht?
Doch Trickstergestalter sind auch Schmied und
natürlich der Henker. Ihr Beruf war bei den Kelten
erblich, zwang sie außerhalb des Dorfes zu leben.
Ein Gesetz des Mythos sagt auch, dass der Trickster auch derjenige ist, der mit dem Trickster *kämpft*.
Der Verurteilte und sein Henker schließen in La-
gerkists Novelle „Der Henker" sogar Freundschaft,
gehen fast eine Ehe ein. Pär Lagerkwist *Der Henker*, Erzählung, Göteborg: 1933.

Amors Pfeil und mein Territorium (de sagittis)
Haben Sie sich mal gefragt, weshalb Amor immer

mit dem Pfeil dargestellt wird? Wer meint, an Phallos denken zu müssen, muss enttäuscht werden. Wer ist Amor? Er schießt mit Pfeilen. Der Pfeil ist lediglich eine Markierungshilfe. Mag sein, dass jemand das Herz von Amors Pfeils durchbohrt führt. Doch es ist nicht das erste Anzeichen des Verliebt Seins. Liebe ist natürlich auch hier total materialistisch gedacht. Für Freundschaft braucht man Zeit, für die Liebe aber braucht man Raum. Amor macht mit seinen Pfeilen etwas anderes, als wir denken: er steckt mit den Pfeilen sein Territorium ab. Dabei ist der Pfeilvektor, übrigens ein imaginierter Faden, der Radius seiner Welt, welche sich kreisförmig um ihn als Punkt zieht. Trifft der Pfeil jemanden, bzw. wird es von jemanden aufgehoben, dann ist diese/ dieser jemand aus einer fremden Welt, also kann sie oder er geheiratet werden. Andererseits hat er/ sie bereits die Welt des Schießenden betreten und kann umso sicherer geheiratet werden. Man wird zugeben, dass mit Pfeilen nach Bräuten zu suchen eine elegante Lösung der endogamen Frauenknappheit ist. Nachdem wir also Amor entzaubert haben, indem wir verstanden haben, dass die Pfeile eine Bedingung für eine gelingende Liebe darstellen, kommen wir zu einer Trope, die wir einfach nicht übergehen konnten…" Materialismus, den diese komische Dozentin aus nirgendwo, sei falsch. Ich wusste, ich würde Zeichen finden, wenn ich ernsthaft suche. Suchte nach Zeichen, nach Wegen, nach Wundern. Stattdessen sprachen mich zwei ältere italienische Paare an aus Neapel an. Wahrscheinlich dachten sie weil ich ein weißes nasses Hemd trug, sei ich ein Kellner. „Ich bin nicht von hier," versuchte ich zu vermitteln. Niemand würde zu mir sprechen, wenn ich mich nicht selbst auf den Weg machen würde. Aber ich gewann eine Abkühlung. Es begann wohl auch schon zu tagen, und ich ging einfach so wie in

81

war nach Norden. Hier verlasse ich diese Geschichte.

Der große Strom und Liebe: das Sujet der Liebenden, die gemeinsam sterben.

Das wichtigste Problem, dem die altsteinzeitliche Horde junger Jäger ausgesetzt war, waren die Weibchen, bzw. ihre Knappheit. Damit es nicht zu tödlichen Spannungen innerhalb des steinzeitlichen Clans kam, mussten die Frauen von anderswoher beschafft werden, das bedeutet, die Männer mussten weggehen, damit es nicht zu klanimmanten Konflikten kam. Sie durften nicht dem Totem angehören, dem die Männer angehörten. Die Endogamie oblag und obliegt immer noch dem Verbot. Vermochte man an einigen Inseln, wie z.B. den Trobriander- Inseln, das Problem matriarchal zeitweise friedlich zu lösen, waren bereits an dieser Stelle Probleme vorprogrammiert. Der Geschlechterkampf begann. Die jungen Männer machten sich auf die große gefährliche Reise in das unbekannte Land, um sich von dort die Frauen zu „besorgen." Oft blieben sie in diesem Land stecken. Zahlreiche Märchen bewahren diesen mythischen Aspekt in sich auf. So z.B. ist die finnische Sage „Kalevala" davon geprägt, dass die Helden, wie Väinämöinen, Lemminkäinen sich die Bräute ausschließlich auf dem Sumpfland Pjohola „anschleppen," welche allesamt Töchter der schrecklichen Louhi, (nicht zu verwechseln mit dem nordischen Gott „Louki,) der Herrin des Nordlandes, waren. Oft wird im christlichen Diskurs in Skandinavien auch der Zugang zur Hölle markiert. Man beachte, dass sowohl in der finnischen, wie auch in der keltischen Mythologie das Nordland nicht besonders positiv besetzt ist, und auch die Christen, welche aus der Hitze des

Orients, als aus der Kälte Skandinaviens kamen waren skeptisch.

Es ist das „Außen," die fremde Welt. Aber just aus dieser fremden Welt muss die Braut oder Bräutigam kommen, damit dem Paar Glück beschert sein soll. Lediglich der arme Trickster Kullervo heiratet unwissend seine Schwester. Beide müssen, als sie durch äußere Zeichen erkennen, dass sie das Tabu gebrochen haben, Selbstmord begehen. Man schweige noch von König Ödipus und den Papst Gregorius. Die Braut musste unbedingt aus einem Land kommen, welches zumindest durch einen Fluss von dem Land des Helden abgetrennt war. Exemplarisch steht da die Legenden von Hero und Leander, Tristan und Isolde, Madschnūn Lailā, etc. Aber auch heutzutage sind Beziehungen meistens Fernbeziehungen. Man nimmt einen langen Weg auf sich, möglichst stets gegenseitig, wobei es doch einfacher wäre, sich nach einer Nachbarin umzuschauen. Und doch liegt das nicht in den geheimen Codes der menschlichen Gattung. So essentiell die Fernbeziehung heutzutage geworden ist, umso gefährlicher wurde sie, denn die meisten Fernbeziehungen etablieren sich nicht rund um einen Ofen, nicht um ein Zentrum der Existenz. Ich schreibe dies in Bewusstheit des Problems. Ich komme zum Problem des „Großen Wassers." Denn wenn ein Fluss die Liebenden trennt, dann muss ihre Beziehung gelingen.

Hero und Leander/ Rose DeWitt Bukater und Jack Dawson.

Ein bedeutender antiker Strom, wahrscheinlich Hellespont, trennt die beiden Liebenden. Leander überquert ihn allnächtlich schwimmend. Eines Tages durch ungünstige Strömung verunglückt Leander tödlich. Hero begeht ob ihres Kummers

Selbstmord. Wir haben überhaupt keine Ahnung, wie sie sonst leben. Warum musste er jeden Abend schwimmen? Womöglich weil es bei Hero um eine Hetäre, also eine gebildete Prostituierte handelte, aber das ist nur eine Vermutung. Die sozialen und ethischen Hintergründe unserer hermeneutischen Perspektive sind allerdings dem Mythos nicht bekannt und auch nicht relevant. Sie sind eine viel spätere Erscheinung. Shakespeare macht diesen Aspekt aber zur Pointe. Dies ist nur der Anfang der Trope der „gemeinsam sterbenden Liebenden." In Shakespeares Romeo und Julia bemühte sich der Dichter in den ersten Zeilen darauf hinzuweisen, dass kein Strom die Liebenden trennt. „Zwei Häuser, gleich an Rang." Gerade die bürgerlich- familiäre Nähe der Städte, welche Shakespeare als ein Kind des Landlebens zurecht beklagt, und die damit verbundenen Zwistigkeiten der norditalienischen Städte führten dazu, dass die beiden Geliebten kein Glück finden konnten. Käme Julia aus Sizilien und Romeo aus der Toskana oder umgekehrt, wäre wahrscheinlich alles in Ordnung gewesen. Selbst wenn sie den transalpinen Grafen Paris geheiratet hätte, wäre sie wohl am Leben geblieben. Doch wer würde sich dann für sie interessieren? Auch *heutzutage* gehören die Flüße und Meere, ja Gewässer schlechthin, zu den beliebten Treffpunkten für Verliebte. Die Geländer vieler Brücken und Gewässer, die ich heutzutage gesehen habe, waren nur so mit rituellen Hängeschlössern, Symbolen der faktischen Brücken, tapeziert, welche die Initialen der Verliebten trugen. Das geschlossene Schloss ist ein hochgradig aufgeladenes Symbol, ein Symbol der Vereinigung des Sonnenlaufbogens und der Erde, kurz: des vollzogenen sexuellen Aktes schlechthin: hier stabilisiert und gefährdet die mythlogische, archaische Brücke (das Schloss) die funktionale Brücke zugleich;

gleichsam die Brücke zwischen zwei Landflächen wie auch zwischen den Geliebten. Es soll den Ewigkeitsaspekt der Liebesemotion hervorheben, denn der Schlüssel wird meistens (fast immer fahrlässig) weggeworfen.

Das kollektive Bewusstsein weiß noch, wo die Braut bzw. der Bräutigam herkommen müssen, damit dem Paar Wohlstand und Idylle beschert sein soll: (nämlich von der jeweils anderen Seite des Flusses, Wasser und Abstand müssen her.

. Der Fluss fungiert auch als eine sakrale Grenzlinie, welche semiotisch stark aufgeladen ist. Die Brücke, die rechtwinklig zum Fluss wiederum bildet wiederum selbst eine zweite sakrale Linie, gibt Raum für Fantasien, was auf der Reise passieren kann. Die Brücke kann auch in der Funktion des Schiffes vorliegen, wo James Cameron einen realistischen russischen Bühnenroman „Die arme Braut" von Ostrowskij zu einem wesentlich archaischeren und genialeren Werk umschmelzt. Selbst Jesus Christus trifft die Sünderin aus dem Nachbarstamm an einem Brunnen, also auch einer Wasserquelle. Sie haben dort keine großen Flüsse eben.

Er ist zugleich der größte Brückenbauer im eigentlichen Sinne des Wortes zwischen Erde und Himmel, Juden und Heiden, Gläubigen und Nichtgläubigen, Erwählten und Nicht-Erwählten, aber wohl auch zwischen Mann und Frau, zwischen Nicht-Bindung und Bindung.

Die Braut, die sich traut (de coniuge)

Sicherlich ist dem Leser aufgefallen, dass viele Filme, Märchen und Sagen etwas damit zu tun haben, dass der Held seine Braut verliert, wenn er sie zu schnell und ohne große Mühe bekommen hat.

Was hat es damit auf sich? Der Held muss eine anstrengende Reise über sich ergehen lassen, mit Drachen (Totem-Tieren) kämpfen, Mitstreiter sammeln, falsche von richtigen Freunden unterscheiden und Rätsel lösen und in das Land jenseits seiner Grenze kommen. Nun, womöglich will der Mythos sichergehen, dass die Braut tatsächlich aus einer anderen Welt stammt. Denn wenn der Held sie zurückholt, dann notwendig aus dem Land des Todes.

Die Unterwelt (de inferne)

wir erinnern uns an die Szene, wo ein griechischer Held die Unterwelt betritt und eine Tränke (Loch in der Erde) voll Schweineblut (als Symbol der Fruchtbarkeit) den Geistern der Toten als Opfer darreicht, bevor er seine Mutter sehen darf? Doch ist die andere Welt uns tatsächlich genauso fremd und fern wie die Enneade?
Jemand, der eine geschlossene Anstalt von innen gesehen hat, weiß, dass er eine andere Welt betrat. Und ich bin mutig genug zu behaupten, dass diese die Welt der Toten war. Nur besondere Menschen betreten sie und verlassen sie lebend wieder. In Milos Formans, Jack Nicholsons und Ken Keseys gemeinsamen Meisterwerk: „Einer flog über das Kuckucksnest" betreten wir tatsächlich eine Art Unterwelt. Die archaische Krankenschwester, die keiner wieder vergisst wacht mitsamt den Wächtern in Weiß über das Tor zur Welt der Lebenden. Sie ist auch Herrin über die Zeit, sie strukturiert das Wachen und das Schlafen der dort oft freiwillig gefangenen. Sie ist die Sphinx, die sich manchmal betrügen lässt. Die leitenden Oberärzte kommen im Vergleich zu ihr eher schwächende Priester rüber. Sie sind die ausgestrichenen Väter, die kastrierten

Väter, die letztlich solche Typen produzieren, die später auch in der Klapse landen.

IV. Mythos und Zeit

Der Ofen (de fornace)

Vom „Ofen ", der „Schwelle," und vom Baum des Lebens.

Ist der Ort des Bleibens also „gefegt," ist ein Chronotopos entstanden, wo das Sakrale und das Profane sich durchdringen: der Baum des Lebens oder der Ofen mit dem Abzugsrohr. Der Ofen beinhaltet die Elemente des Baumes, denn er hat ein Abzugsrohr, das definitiv an den Hauptast des Baumes angelehnt ist. Und der Baum ist auch ein Synonym für die steinzeitliche Höhle: der moderne Mensch hat sich nicht stark davon entfernt. Während meiner Zeit in Mannheim sah ich es oft, dass manche Menschen durchaus noch mit dem Ofen heizten: manche, weil die Vermieter sie zwingen, manche, weil sie es genießen. Auch in Berlin finden sie sich noch die Hinterhäuser. Dies geschieht nicht aus einer postmodernen grünfarbigen Laune, mit welcher Gadamer und Heidegger einen Baumstamm zersägten, heraus. Dies war nicht ökonomisch ertragreicher. Ich war erstaunt, dass die Wärme, welche von diesen Gusseisen-Öfen kam, eine ganz andere Wärme war, als durch heißes Wasser, Öl oder gar Elektrik der modernen Heizkörper erzeugt werden konnte. Da ich ansonsten nicht zum unkritischen Rückfall auf das Terrain der Grünen mich gewappnet sah, schmolz ich förmlich dahin, während draußen Minusgrade herrschten. Es war die Zeit, wo die Amerikaner aus Mannheim abzogen und die Kasernen den dankbaren Bürgern der westlichen Neckarstadt überließen. Der Ofen war der Ort der Wärme und der Nahrungszubereitung, er symbolisierte im Topos des Sakralen den Baum des Lebens, die Höhle als erste Behausung des Menschen. Neben ihm pflegte sich eine Katze zu wärmen: eine Reminiszenz an das Totemtier, welches in den Wurzeln, aber auch in den Ästen des Baums des Lebens und des Todes lebte. Der Ofen ist somit auch der Ort der Heilung und womöglich auch der Initiation. In dem Märchen fixieren die Brüder Grimm den Ofen als das statische Attribut der Hexe, welche nur verspricht, die Kinder aufzufressen, dies aber niemals tut. Womöglich ist der Ofen auch mit Heilung und der Reifung verbunden. Sie will sehen, ob der Finger noch dran ist. Was lenkt zu einem folgenden Gedanken. In den Steinzeithöhlen fand man Handabrücke ohne einen Finger. Aller Wahrscheinlichkeit nach war derselbe Finger der 38 Hexe in „Hänsel und Gretel" zuzuweisen. Wie sieht dieses Ritual aus? Wir kommen später drauf zu sprechen.

Übrigens: auch bei Rowling spielt der Kamin, ein Verwandter des Ofens, eine besondere Rolle. Es ist ein Kommunikationssystem. Auch in alter Folklore finden wir den Inhalt, man könne den Verschollenen über den Ofen „rufen." Der Ofen, mit dem Abzugsrohr verbindet die Welt der Lebenden und die Welt der archaischen Toten.

Manche Sprichwörter, wie: „jmd. einen Braten in die Röhre schieben," und „frisch gebacken" oder „hausbacken," als etwas vorläufiges, sowie „altbacken" vom etwas sprödem und zugleich beständigem, beschreiben den sakralen Sinn des Ofens als den Ort des neuen menschlichen Lebens oder einer neuen Qualität des menschlichen Lebens. Wir sehen, dass hier eine Verbindung zu den bereits angesprochenen „nursery rhymes" besteht. Denn der englische, zugestandenermaßen frivole Text lautet: Pat-a-cake, pat-a-cake, baker's man. Bake me a cake as fast as you can Pat it, and prick it, and mark it with a "B" And put it in the oven for baby and me! Hier ist der Ofen im Zusammenhang mit der Hand, von der oben die Rede war. In der russischen Folklore und im Märchen spielt der sog. „Russische" Ofen eine ganz entscheidende Rolle. Der Ofen stand in Konkurrenz mit der sog. „Roten Ecke," also zu den christlichen Ikonen, welche sich im hinteren Teil der sog. „roten Stube" sich befanden. Der Ofen war der Ort, worunter früher die Toten beerdigt wurden. Eventuell wurden sie in den Urzeiten auch dort verbrannt. Dafür sprechen kleine Nischen in dem Verputz des russischen Ofens, welchem nun keine funktionale Bedeutung mehr zugeschrieben wird. Vermutlich wurden dort Urnen aufbewahrt. Im Ofen lebten die Geister der Ahnen. Vor dem Ofen war es streng verboten, unflätige Wörter auszusprechen oder gar den Geschlechtsakt durchzuführen. Das war allen archaischen Menschen ein Gräuel. Auf dem Ofen schliefen die Alten und die sehr jungen Kinder. Es kann mit Aggranovitch angenommen werden, dass der Ofen ein Modell einer steinzeitlichen Höhle oder einer Baumhöhle darstellte, welches im kollektiven Bewusstsein abgespeichert war. Der Ofen spielte eine wichtige Funktion bei der Brautwerbung. Die Frau, welche die Hochzeit und das Bratgeschäft (die Kupplerin) organisierte und um die Braut stellvertretend für den Bräutigam und seiner Familie warb, berührte beim Eingang in die Stube mit beiden Händen den weißen Ofen, welcher meistens im „Flur" stand. Dabei sprach sie in rituell rythmusgebundenen Sätzen. Sie betrat nicht den Raum des Wohnens. Sie blieb, ebenso wie der Bräutigam, ein

89

Fremder und aus einer anderen Welt abkünftig. Der Ofen markierte also auch die Grenze der eingeweihten heimischen Welt und der Welt des unheimlich anderen. Ansonsten bestand für jeden Fremden die Verpflichtung, zunächst zu den Ikonen zu gehen und das Kreuzeszeichen zu machen. Bei der Brautwerbung entfiel die christliche Andacht. Damit signalisierte die Kupplerin ihre rituelle Nicht- Zugehörigkeit zum christlich-byzantinisch orthodoxen Diskurs russischer oder ukrainischer, oder südslawischer Auslegung. Sie kam ja gerade wo *anders* her. Sie kam auch jenseits der christlichen Religion und jenseits der christlichen Zeitrechnung und Raumvorstellung. Die potentielle Braut konnte ihre Bereitschaft zur Exogamie und zur Heirat in einen anderen Haushalt damit signalisieren, dass sie zum Ofen trat und den Kreideverputz leicht ankratzte. Damit zerstörte sie symbolisch das Zentrum ihres Kollektivs und gab sich frei, um in eine andere Familie hineinzugehen. In Gogols berühmter Schauernovelle „Vij" berühren die geistig und emotional entkräfteten koboldhaften Knechte der toten Hexe im Sommer den kalten Ofen, nicht um sich die Hände zu wärmen, sondern um von einer heidnischen Quelle aufzutanken. Etymologisch besteht im Russischen eine starke semantische und etymologische Nähe von „Ofen" und „Sorge." Betrat die Braut die Kernfamilie ihres Ehemannes, so oblag ihr die Verpflichtung, eine Nudelsuppe aus einem männlichen Huhn, also einem Hahn zuzubereiten. Der Hahn, gerade im Zusammenhang mit Feuer und Erotik, steht hier für das archaische Tier, welches die Menschen ernährte und somit ihr höheres Selbst darstellte. Alle Verwandten kamen am nächsten Morgen vorbei, um ihre kulinarischen Fertigkeiten zu begutachten. Fraglos ist hier, dass dies ein Rudiment aus der Zeit der Tieropfer war. In den archaischen Zeiten wurde einfach ein Hahn im

Ofen verbrannt. Doch man muss es richtig deuten: wem wurde das Opfer dargebracht? Dem Opfer selbst, dem 3nahrungsgebenden Totem-Tier und somit auch dem menschlichen Kollektiv. Nach Hegel finden wir hier also eine Äußerung der „Selbstbewegungsfunktion der Spontaneität." Die Tradition zieht sich bis zum heutigen Tage. Wenn meine Familie zusammenkommt, so bringt die Frau meines Onkels unbedingt eine russische und ukrainische Spezialität mit, einen Hahn in Aspik, hergestellt aus einem Hahn. Angeblich, weil es so besser geliert. Wie meine Tante feststellt, ob es sich um ein Huhn oder einen Hahn handelt, ist mir nach wie vor ein Rätsel. Man könnte so weit gehen und alle ritualisierten Gerichte als Nachklänge der archaischen Tiere betrachten, die als Opfer ihnen selbst dargebracht werden.

Sprache und Archaik

Die drei Arten der Entfremdung: Sehnsucht, Gram und Langeweile (de accediae)

Sehnsucht und Gram als Phänomene des Wunsches, mit den Objekten in Beziehung zu treten. Die Geste der Sehnsucht ist die ausgestreckte offene Hand. Die Sehnsucht ist ein sehr lebendiger Affekt. Das Opfer ist als eine Exemplifikation des „Großen Tieres" zu deuten. Anm. d. Verf. 3
Gram zeigt dagegen eine gekrümmte, in sich zusammengefaltete Haltung, welche den Wunsch verkörpert, die Embrionalhaltung einzunehmen, d.h. in den Mutterleib zurückzukehren. Erst bei den späteren Helden z.B. in Goethes „Faust" taucht die Langeweile als eine Emotion auf, welche kein Intentum mehr hat, auf und zwar als Zeichen der Individualität, nicht nur des Menschen. Dem liegt die Vermutung zugrunde, dass weder die Men-

schen der Steinzeit, noch die Menschen der Prä-Moderne die Langeweile kannten. Die Langeweile wird bei in der späten Schrift Heideggers über die Metaphysik in drei Formen dekliniert, wobei sie zunächst ein Intentum sucht, dann rückblickend feststellt, dass das Intentum in dem Intentionsakt immer schon verfehlt war, („denn man wird von der Sache nicht so hingenommen, wie man ihr hingegeben ist.") und letztlich gegenwärtig kein Intentum mehr ausfindig machen kann.

Selbstbezogenes Mitleid und Leid (Litost)

Selbstbezogenes
Mitleid und Grausamkeit sind verschränkt. Man kann mit jemanden „zu seinem Tode" Mitleid haben. Mitleid klammert sich an sein Intentum und lässt es nicht los. Auch kann das Mitleid keine individuell wichtige Trauer zulassen. Bereits das deutsche Kompositum „Mit-leid" zeigt die Verschränkung beider Momente auf. In den slawischen Sprachen ist es noch deutlicher. Das slawische Lexem „lutost" hat im Polnischen die Bedeutung des „selbstbezogenen Mitleids," im Russischen allerdings die der „Grausamkeit." Sollte man spekulativ von einer archaischen protoslawischen Sprache ausgehen, so war der semantische Raum des Lexems breiter, synkretistischer und konnte sowohl „Mitleid," wie auch „Grausamkeit umfassen. Ljutost oder Litost. ist bestimmt durch eine Vieldeutigkeit im Bereich der Etymologie. Es bedeutet einerseits „Grausamkeit," anderseits aber „selbstbezogenes Mitleid." Grausame Taten seien hiernach oft mit Taten des Selbstmitleids enggeführt Milan Kundera schreibt dazu:

de falsibus compassionibus / vom falschen Mitleid (litost)

„Litost ist ein tschechisches Wort, das sich nicht übersetzen lässt. Die erste Silbe, die gedehnt und betont ausgesprochen wird, klingt wie die Klage eines einsamen Hundes. In anderen Sprachen finde ich kein Äquivalent, obwohl ich mir nur schwer vorstellen kann, dass die menschliche Seele ohne dieses Wort zu verstehen ist. Ein Beispiel: der Student badete zusammen mit einer befreundeten Studentin in einem Fuß. Das Mädchen war sportlich, und er ein miserabler Schwimmer. Er konnte unter Wasser nicht ausatmen, schwamm langsam und hielt den Kopf krampfhaft über dem Wasserspiegel. Das Mädchen war hoffnungslos in ihn verliebt und so taktvoll, ebenso langsam zu schwimmen wie er. Als die Zeit zum Aufbruch gekommen war, wollte sie noch schnell ihren sportlichen Bedürfnissen Genüge tun und schwamm mit raschen Zügen ans andere Ufer. Der Student versuchte, schneller zu schwimmen und schluckte Wasser. Er fühlte sich erniedrigt und in seiner körperlichen Ungeschicklichkeit bloßgestellt, und er empfand Litost. In seiner Erinnerung tauchte seine kränkliche Kindheit auf, die er unter der allzu fürsorglichen Aufsicht der Mutter ohne Sport und Spielkameraden verbracht hatte, und er wollte über sich und seinem Leben verzweifeln.
Als die beiden auf einem Feldweg in die zurückgingen, schwiegen sie. Verletzt und gedemütigt, verspürte er den unwiderstehlichen Wunsch, sie zu schlagen. Was hast du? Fragte sie und er machte ihr Vorwürfe, auf der anderen Seite des gebe es Wirbel, er habe ihr doch verboten hinüberzuschwimmen, sie hätte ja ertrinken können- und er schlug sie ins Gesicht. Das Mädchen fing an zu weinen, und beim Anblick ihrer Tränenen empfand er Mitleid mit ihr, er umarmte sie, und seine Litost zerfloss. (...)
Litost ist ein qualvoller Zustand."[ix] (Milan Kundera)

93

Auch schwappt die grausame Wut oft in selbstbezogenes Mitleid mit dem Opfer über. Behalten wir dieses Gesetz zur Konfliktgestaltung im Auge, wo auch wichtige Psychoanalytikerinnen wie Melanie Klein vom Destruktions-und Reparationsimpuls sprechen.
Da das das dazugehörige Adjektiv:"luty" substantivisch für das slawische Tabu-Wort „Wolf" gebraucht wird, leitet sich daraus noch ein Archetypus ab.

Der Wolfsrudel, das Lupanarium (de lupis)

Spekulieren wir. In der Zeit zwischen der Initiation der Knaben und ihrer Aufnahme in die Gemeinschaft lebten sie als eine wilde Horde im Wald. Man nannte sie auch „die Wölfe." Sie waren grausam, hatten einen strengen Verhaltens-und Ehrenkodex. Auch bei der heutigen Jugend beobachten die Soziologen, dass das gefährlichste Alter 26 Jahre sind. Dies ist die Zeit, wo die meisten Amokläufe und Selbstmorde begangen werden. Sollte ein Wolf nicht den Raum der Kultur betreten, z.B. indem er eine Frau findet und eine Familie gründet, wird er zu einem alten Wolf. Hermann Hesse hat in seinem Werk dem Steppenwolf ein Denkmal gesetzt. Diese „Rudelbildung" wäre bei Frauen schwieriger denkbar, da die Frau in der Ur-Zeit als wertvoller als der Mann galt, weil sie Kinder zur Welt bringen konnte. Doch der legendäre Stamm von den Amazonen scheint für die gegenteilige Annahme Argumente zu liefern, mit dem Unterschied, dass „Wölfinnen" noch grausamer als Männerbanden wären.

Die Sehnsucht ist an der Grenze zwischen der Welt der Lebenden und der Welt der Toten anzusiedeln. Streckt eine Heilige von der Bildfläche uns die offenen Handflächen entgegen, so bringt sie damit ihre Sehnsucht nach uns zum Ausdruck und somit die Sehnsucht nach unserer Erlösung. Die Heilige ist in diesem Fall die wahrhaft Lebendige, wobei wir zunächst und zumeist dem Tode unterworfen sind. Kunstgeschichtliche Beispiele lassen sich in einer unglaublichen Fülle ausführen. Wolle man einigermaßen historisch systematisch vorgehen, müsste man mit den Höhlenhandabrücken anfangen, dann die frühen Ikonen betrachten, welche meistens mit einer Hand die Geste des Segnens vollführen oder uns mit den Fingern der Hand zu schweigen und zu hören gebieten. Die „Arranta," also die Betende zeigt die Heilige Muttergottes, welche dem Betrachter ihre Handflächen zuwendet. Letztendlich wäre mit dem „Walk of Fame" zu schließen.

Der Fremde, der Schwiegersohn und der Gatte der Natur (de genero)

Die Angst vor dem Fremden ist eine archaische Angst. Der Fremde kommt aus der Welt des jenseitigen Chaos in die Welt der diesseitigen Ordnung.

Dabei ist die erste historische Ordnung matriarchal, wenngleich die Metapher der Vertikale immer vorhanden ist. Denn der Fremde übernimmt das Territorium nicht nur mittels roher Gewalt, sondern womöglich auch durch Heirat oder Geburt.

Der Mann wurde im Matriarchat sakral als der Gatte der Natur verstanden. Gleichsam wurde er als das sakrale Opfer verstanden sobald er ein bestimmtes Alter erreichte oder ein Vergehen beging (homo sacer, Agamben)

Seine Rolle war es, die Natur, welche durchaus (außer im Ägypten) mit Erde assoziiert wurde, zu befruchten. Allerdings schwand die Naturkraft langsam aus dem Manne als Folge des Alterungsprozesses. Die Folge war, dass der Mann gehen musste oder getötet wurde.

Bitte denken wir nicht, dass der Fremde immer ein Auswärtiger sein musste. Auch das Kind und der erwachsene Mensch haben nichts miteinander gemeinsam außer der Zugehörigkeit zur selben Gattung und zur selben Art. Die Generationen die einander begegnen sind keineswegs froh und glücklich. Der junge Mensch will aufsteigen, der alte Mensch will nicht absteigen. Diese Wahrheit ist zwar trivial, aber auch sie muss ausgesprochen werden.

In der frühen Troubadurdichtung geraten der Onkel und der Neffe aneinander.

Der scheinbare **Tod des Gatten der Natur**
(nunc defunctus, tamen ludens)

Bekanntlich galt der japanische Kaiser unter dem Titel „Mikado" als ein lebendiger Gott. Doch er war kein Gott. Er war der Gatte der Natur. Seine Stimmung, sein Leben, etc. waren Äußerungen der allgemeinen Natur. Auch sein Hof war göttlichen Ursprungs.

Es ist bekannt, dass Mikados eine eigene Töpferwerkstatt hatten. Denn es galt als Tabubruch vom Teller des Mikados zu essen („Wer hat von meinem Tellerchen gegessen?") Nachdem das Mahl fertig war, wurde das Tischgerät zertrümmert, eventuell sogar vom Mikado selbst.

Er durfte sich auch weder waschen noch rasieren. Denn es wurde angenommen, dass durch sein Waschen die Kräfte der Natur entfesselt werden. Daher wurde Mikado kurzum für tot erklärt. In dieser Zeit wurde er gewaschen, rasiert, etc. Danach lag er einige Tage wie ein Toter herum. Schließlich erfolgte die „Wiederauferstehung" des Mikado. Mikado wurde „wiedergeboren. Auch bei den Ägyptern findet sich ein ähnliches Ritual zum Sed-Fest.

Ägyptische Pharaonen mussten ein sinnverwandtes Ritual durchführen. Nachdem sie wie tot dalagen, sprangen sie auf und rannten los. Damit wurden sie wiedergeboren. Später wurde die Lauffunktion auf eine Attrappe übertragen, aber im Sinn blieb es beim selben. Dieses Comeback- Element findet sich als Trope durch und durch in der Weltliteratur und bildet mit an der Entstehung des Bedürfnisses der westlichen Rezeptionskultur nach dem HappyEnd.

Denken wir an Defoes „Robinson Cruso," an die verschollenen Jugendlichen aus dem Roman: „Der Herr der Fliegen," denken wir an den Film „Verschollen" wiederum mit Tom Hanks in der Hauptrolle, den Bestseller von Hape Kerkeling: „Ich bin dann mal weg," und zahlreiche andere Beispiele. Schließlich denke man an den „Herrn der Ringe," wo der Zauberer Gandalf der Graue zeitweise verschwindet, um dann als „Gandalf der Weiße" wiederzukommen. In jeder Kultur findet sich der verschwundene König („Sebastianismus" in Portugal," und „Bonnie Prince Charlie" in Scotland, oder Till, der Eulenspiegel.

Aber denken wir auch an denjenigen, dessen Namen wir nicht sagen dürfen. Auch der dunkle Lord verschwindet und kommt wieder. Allerdings ist seine Wiederkunft keinesfalls erfreulich. Natürlich korreliert dieses Mythologem mit dem biologischen Phänomen der männlichen Potenz.
Es ist interessant, dass es meistens die Männer sind, welche durch Fügungen des Schicksals, also nicht durch Gewalt von Anderen, verschwinden. Eine Ausnahme lieferte Agatha Christie, während sie kurz selbst verschwand, nachdem ihr Ehegatte die Scheidung eingereicht hat. Frauen wurden durch die überwiegende patriarchale Deutungshoheit des Mythos von den männlichen wandernden Dichtern (Troubadours) meistens „immobilisiert," oder zum zweiten Gewissen des Mannes degradiert.
Ins Negative gewendet kommt auch der Lord, dessen Namen man nicht nennen darf (er wird bezeichnenderweise mit einem Tabu, ein Phänomen, das auch JAHWE ((Ich bin, der ich bin.) anspricht, belegt) zurück. Allerdings ist er auch das übelste, was der Natur der freien und plural-vertikalen Gesellschaft von Harry Potter passieren könnte.
Die Wiederauferstehung eines Gottes ist kein neuer Topos, ebenso wie der Gedanke der Wiedergeburt überhaupt. (Sophias blasses Gesicht wurde beinahe dunkelgrau, als sie das sprach.) Ob dieses Verschwinden mit einer wirklichen Veränderung in der Außenwelt zusammenhängt, sei dahingestellt.
Es wird kalt, es kommt der Herbst und die Vögel kommen kurz zurück, um ihr letztes Lied zu singen. Aber wir wissen, der Frühling, der kommt, ist ein

ganz anderer Frühling, der Frühling, der war, ist endgültig vergangen. (Sie hustete und ihr blieb die Luft für 10 Sekunden weg, so dass wir alle einen Schreck bekamen.)

Eine Variation dieses „Pseudo-Todes" vollzieht auch der „Proto-Hamlet," die Figur welche von Saxo Grammaticus in die Weltliteratur eingeführt wurde. Bei den „Gesta Danorum" (Heldentaten der Dänen) findet sich die Geschichte des jungen Prinzen Amletus, dessen Onkel seinen Vater kaltblütig ermordet und seine Mutter heiratet. Amletus (Proto-Hamlet) spielt, als sei er verrückt (also praktisch tot, jenseitig), bleibt somit am Leben („wer wird schon einen Verrückten töten?") wartet den Moment ab und tötet alle Feinde auf einmal. Dazu gelingt es ihm auch, die englische Prinzessin zu heiraten.

Doch denken wir an die Männer unter uns? Jeder kleine Schnupfen haut die harten Kerle um: sie liegen im Bett, jammern, und plötzlich stehen sie wieder auf und sind wieder stark.

Hamlet von Shakespeare ist ein ganz anderer Charakter. Er kennt weder den Platz des Todes, noch den des Lebens. Nicht den Raum des Wohnens noch die Mühen der Reisen. Auch der Kalender wird sich bald ändern. Es ist die Zeit der Aufklärung wo die mittelalterliche Ordnung in sich zusammenfällt, „aus dem Gelenk bricht, fällt."

Er ist zu tolerant, weil er die Art des Glaubens des Mittelalter-Charakters verloren hat. Angeblich durfte man einen Feind nicht töten, während jener betete. Das tut sein böser Onkel und Hamlet verschont ihn verzweifelt. Er spricht dann folgendes:

„The time is out of joint.
„O, cursed spite
That ever I was born to set it right. "[x]

Der logisch geschärfte, und damit ausnahmsweise verwirrte Verstand versteht die archaische Welt nicht mehr. Irgendwo ist die Situation auch komisch.

Er findet keine Ruhe im „Pseudo-Tot," kein Atemholen für Hamlet in der Zuflucht zum Kult der Ahnen. Sie verklumpen zu einem Gespenst: den Vater-

Es beginnt die atemlose positivistische Moderne, welche von der Logik geleitet wird.

Vlad Dracula und der ewige Untote (de vespertilione)

Jede positive mythologische Beschreibung hat auch eine negative Seite. Hier kehrt der tote Mann zurück, wenn man ihn überhaupt nicht erwartet. Stephen King beschreibt dieses Gefühl der plötzlichen unerwarteten und befremdenden Rückkehr eines Freundes in dem Roman *„Der Friedhof der Kuscheltiere."*

Sicherlich ist Dracula ein Sammelbegriff. Er erinnert an den „Ewigen Juden" Agasphere, welcher wegen seines ungebührlichen Verhaltens gegenüber Christus zum nicht endenden Leben und nicht endender Wanderschaft verurteilt wurde, aber vor allem wäre diese Figur gar nicht in unserem Kollektivbewusstsein aufgetaucht, wenn sie nicht in mythologische Schemata passen würde: ein Gatte der Natur, wird er oft mit langen Haaren und einer unglaublichen Energie zur Wanderung dargestellt.

Als fiktiver, weil sekundär nach einem Individual erzeugter Mythos taucht an einer geschichtlichen Bruchstelle nach Hamlet auf, wo der Tod nicht mehr akzeptiert werden kann und nahe dran ist, tabuiert zu werden.

Damit bleibt alles beim gesellschaftlichen Alten, wenn Dracula nur genug Blut trinkt, denn nach dem Alten Testament steckt im Blut das Leben. Auch hier ist die rote Farbe als Zeichen des Herrschers und des Opfers zu erkennen. Dracula ist aber auch ein Trickster, der Vermittler zwischen dem Reich des Todes und dem Reich des Lebens, dem Reich des Gesetzes und dem des Chaos, etc.

Als dieser Dracula noch lebte, florierte Transsilvanien, wie wir alle gut wissen. Er hatte seine Aufgabe als „Gatte der Natur" ganz gut erfüllt.

Er trägt auch alle Attribute des Totem-Tieres, also eines Wolfes oder eines Bären, ist aber auch Sammelbegriff für konkretere mythologische Universalien. Seine Widersacher sind wie immer in Märchen und Dramen meistens auch seine Doppelgänger, d.h. sie alle haben mit ihm einige Eigenschaften gemeinsam. Sie arbeiten gerne nachts, auf Grenzgebieten zwischen Recht und Unrecht, Chaos und Ordnung, etc. Denken Sie an diesen düsteren subalternen Rechtsanwalt aus dem offiziellen Dracularoman, der in seinem kriecherischen Übereifer gegenüber seinem Chef sonst wo hinreist. Freilich steht Dracula also nicht auf der Seite der Lebenden, er hilft ihnen nicht. Er steht hier in Opposition nicht nur zu seinen konkreten Feinden, sondern der Menschheit selbst, in Opposition zu uns allen, weil es ihm egal ist, wessen menschliche Blut er trinkt. Er befindet sich eben auf der Schnittstelle zwischen Leben und Tod und gehört beiden Welten an und macht diese Schnittstelle bewusst. Daraus bezieht er seine Faszination. Auch Charaktere, die mit den Vampiren assoziiert werden, befinden sich etwas außerhalb der wirklichen Dingzusammenhänge. Sie sind stoisch, gelassen, gleichgültig und gerade daraus beziehen sie auch ihre

Brutalität und Schlagsicherheit. Man hat nicht den Eindruck, dass Dracula das konkrete Blut wirklich braucht, letztlich ist es ihm egal, wen er beißt: viel wichtiger scheint zu sein, dass Dracula sich mit dem Gebissenen verbindet und so den Kreis erweitert: einen Kreis, der sich niemals schließt. Diese Verbindung, die nicht aufgelöst werden kann wird von Männern gefürchtet, von Frauen begehrt. Die Gründe sind nur psychoanalytisch, nicht aber mythosanalytisch aufzuschlüsseln. Dieser Sachverhalt wurde von Lacan psychoanalytisch beleuchtet. Dass diese Verbindung als latent homosexuell und größenwahnsinnig aufzufassen ist, bedarf keiner Erläuterung.

Der Kelch der Scham (calix infamiae)

Sophia hielt kurz inne, und der Schalk rannte über ihre Augen und deutete ein zweideutiges kurzangebundenes Lächeln, das jeder Psychiater kennen müsste, weil er sich gleich auf einen Anfall des Patienten einstellen müsste. „Alle sagen," sagte sie: „Objekt klein a, Objekt klein a." Sie blickte da verschmilzt auf die geschmückte Psychoanalytikerin, die schon sichtbar angetrunken war und einen Goldarmband im Champagnerglas verlor.

Sie nahm sich ein stattliches Stück futuristisches Eis und sprach: „Irgendwann entschloss sich der Mensch, dass das Essen nicht mehr zuerst an den Stärksten gehe, sondern es wurde ein Essen in der Runde etabliert. Zunächst das Stück Fleisch, später dann der Kelch machten die Runde. Jeder musste wenigstens einen Schluck nehmen. Der letzte Schluck, das letzte Bissen galt als ein *Bissen der Scham*. Es kam sogar zu Querelen, manchmal musste das Stück Fleisch mit dem Messer zwischen zwei Mündern geteilt werden. „Den Kelch an den Rand zu leeren, also *das letzte Stück* zu essen oder zu trinken, galt als die Metapher für tiefes

Leid, für ein Ärgernis und Versuchung, Flucht, Kerker und so weiter, Jesus Christus, wenn die erlauchte Gesellschaft es so wollte. Und auch heute, immer wenn ich dieses Thema anspreche, sehe ich ein Unbehagen, besonders bei Kindern, die niemals das letzte Stück Kuchen nehmen werden und auch bei manchen Erwachsenen. Dies ist selbstverständlich auch der neutestamentarische Kelch, der „an einem vorbeigehen sollte."

Psychoanalytisch ließe sich anmerken, dass die Ausführungen Kristevas über die „Nicht- Assimilierbarkeit der Mutter, des Großen Anderen" insbesondere der „Milch der Mutter" durch die Frau und das weibliche Kind in der Unerträglichkeit des „weißen Milchschaums, "der Pelle," mündet und womöglich auch die Putzbesessenheit mancher Zwangspatienten erklärt.

Dabei ist auffällig, dass eine konstruktive und lebendige innere Ordnung der äußeren Objekte solchen Frauen und Männern fehlt. Sie können den Herd blitzblank putzen, aber drumherum herrscht das Chaos. Während Männer durchaus so etwas wie eine „Mehrwertlust" am Schmutz empfinden mögen (Lacan), denn dieser Schmutz führt das männliche Phantasma weg von der Urszene des sauberen Ehebettes, wo die Schande seines Seinsgrundes erfolgte.

Schmutz macht den Mann potent, enthemmt ihn bis zum blanken Nerv.

Was ihm erträglich ist, ist für die Frau dieses begierliche Einatmen des Staubs der Welt von höherer Dramatik, unerträglich: *so hörten sie den Fluch an die Schlange und bezogen es auf sich selbst. Denken wir an den an die Schlange gerichteten Fluch Gottes: „Staub sollst du fressen, denn ich lege Streit zwischen dir und dem Weibe, du wirst sie in die Ferse stechen und sie wird auf deinem Kopf treffen."* (Freie Übersetzungen der Verf., unter der Berücksichtigung des hebräischen Textes.) Doch die Bibel ist lange kein Autoritätsargument mehr: es ist nunmehr die *Zahl.* Ich überlasse es aber den Interessenten, den Text von Kristeva in einer psychosomatischen Klinik geschlechtlich gemischten Publikum, zum Beispiel, mit Phobien, vorzulesen. „Schon heraus damit," rief Sarah, die schon ziemlich angetrunken war. Sie bestand darauf, dass das letzte Stück Eis, das nun auch an Sophia gehen sollte, auf sich zu nehmen, wenn Sophia die Rede von Kristeva auswendig rezitierte. Sophia vollzog eine Geste, als wolle sie sich aufstehend verbeugen und begann in recht sauberen Bulgarisch die auf französisch verfasste Rede von Kristeva zu rezitieren.

Der Ekel hat etwas von unaufhaltsamer und dunkler Rebellion
des Menschen gegen denjenigen, welcher ihm Angst macht, gegen
denjenigen, welcher aus dem Inneren und Äußeren heraus
den Menschen ängstet, jenseits der Seite der Möglichkeit,
und jenseits des Annehmbaren und des schier zu Denkbaren.
Der Ekel weckt auf, beunruhigt und stachelt die Begierde an.
Doch die Begierde lässt sich nicht verführen. Im Schrecken
wendet die Begierde sich ab.
 Und mit dem Ekelgefühl wendet die Begierde sich ab.
(...)

Der Ekel vor dem Essen, ist womöglich die einfachste
und am meisten archaische Form des Ekels.
Wenn eine Pelle, (Haut auf der Oberfläche
der gekochten Milch. Anm.d.Verf.)

diese Pelle, fragil, hilflos und dünn,
wie Zigarettenpapier, erbärmlich,
wie die abgeschnittenen Fingernägel,
erscheint vor meinen Augen und berührt
meine Lippen, der Krampf im Kehlkopf und tiefer, im
Bauch,
in allem Gedärm, lässt den gesamten
Körper sich krampfhaft winden. Es presst
Tränen und Galle aus ihm heraus, bringt
das Herz dazu, wie wild zu schlagen
erkaltet die Hände, und treibt
kalten Schweiß auf die Stirn.
Vor den Augen ist es dunkel, der Kopf ist benebelt
und der Brechreiz, welcher durch kleine Pellen
verursacht wurde, krümmt mich und zwingt
mich zu Boden und distanziert (mich) zu Mutter und zum
Vater,
welche mir diese Pellen reingesteckt haben.
Pellen- Ein Teil, ein Zeichen i h r e s (Herv. d. Verf.)
Wunsches.
Genau dies will das „ich" nicht, und das „ich"
will nichts wissen, das „ich" assimiliert diese Pellen
nicht, das „ich" stößt sie zurück. Doch da es dieses Essen
nicht ein „Anderer" für das „ich" ist und in dem Wunsch
meiner Eltern sich befindet, stoße ich mich selbst raus,
ich speie mich aus, ich empfinde Brechreiz und Ekel, ich
empfinde Ekel gegenüber mir selbst, ich erfahre Übelkeit
vor sich selber just in dem Moment, wo das „Ich" (sic.,
Anm. d. Verf.) beabsichtigt, sich selber zu stärken.
(Gemeint sind wohl die Eltern, Anm. d. Verf.)[xi]

In Wirklichkeit sind dieses mysteriöse Objekt klein a
z.B. auch die Bremsen, die plötzlich ausfallen, gut
dass ich kein Auto fahre. Auch in der 4 Diskurs-
Theorie von Lacan sorgt das Objekt a für Dreh-
Bewegung der Diskurse." Die Psychoanalytikerin

Sarah war nun sichtbar beeindruckt und ihr entschlüpfte ein kleines „bravo!"

Nachdem sie fertig war, holte ich unter dem Tisch eine gut gekühlte, früher unbemerkt gebliebene Flasche Wodka hervor, das gleich die Stimmung stabilisierte. „Schöne Grüße, an Ihren neureichen Schüler übrigens!" Sophia lachte herzlich, während das Lachen von langen Partien eines bösen Hustens unterbrochen wurde. „Ich vergess dich schon nicht, kleiner Konterrevolutionär," sagte sie mir. Du kleiner Klassenfeind." Darauf stießen wir herzlich an.

Das sardonische Lachen oder „Bitte lächeln."
(de risibus)

Haben wir nicht alle bereits vom sog. „sardonischen Lachen" gehört? Doch worum handelt es sich? Die Legende besagt, dass die Sarden ihre Alten mit Sicheln umgebracht haben. So wie die reifen Ähren geerntet wurden, so passierte das auch mit den Senioren unter den Sarden. Die Alten hatten dabei zu lachen. Der Gedanke dabei war vermutlich an die Wiedergeburt gekoppelt. Stürbe jemand schwach und leidend, würde er auch in einem schwachen und kranken Körper wiedergeboren.

Irgendwie schaute Sophia mich böse an.

Exemplarisch wird der Vorgang an der Komödie des Königs Lear, welcher sich zum Narrenkönig im Alter macht und das berühmte sardonische Lachen sichtbar. Verschiedene Kulturen lösen das Problem, wie wir wissen, auf unterschiedliche Art und Weise. Es ist Freuds berühmte Fußnote über Hamlet in „Die Traumdeutung," welche kühn erklärt, es sei Hamlets verdrängter, letztlich physiologisch und neurologisch verwurzelter Wunsch, den sein Onkel Claudius ihm erfüllt hat: die Ermordung seines Vaters. Daher töte Hamlet den betenden Claudius nicht, er sei ihm sogar dankbar.

Freud lässt dabei unfairerweise unberücksichtigt, dass im christlich-mittelalterlichen Diskurs die Ermordung des Feindes beim Gebet den Feind direkt in den Himmel befördern würde.
Es ist ebenfalls wahrscheinlich, dass Hamlet Claudius aus eben diesem Grund nicht tötet, alles, was ihm Anlass zum Zögern gibt, wird von ihm gierig verschlungen,
Freuds Deutung stellt eine Variante der mythologischen Deutung dar. Dabei ist, im Unterschied zu Freud'schen Konzeption keinesfalls eine naturwissenschaftliche Gewissheit, dass der Vatermörder so etwas wie Reue nach der Tat empfindet. Wie dem auch sei: die Spannung der Generationen ist mythisch in anderen Werken der Literatur und des Films zu finden. Es gibt sogar kein einziges tragendes Werk, wo dieser Konflikt nicht zu tage träte, ob komisch oder tragisch.
Exemplarisch finden wir bei dem oscarprämierten Film „Brokeback Mountain," worauf wir noch zu sprechen kommen, den Konflikt zwischen dem fremden Cowboy Ankömmling und dem alt eingesessenen reichen Geschäftsmann aus Texas, seinen Schwiegervater, dessen Tochter der wohl bi- oder pan-sexuelle Cowboy ehelicht.
Beide Cowboys verlassen für ca. 2 Wochenenden im Jahr ihre Frauen und verkehren miteinander. Dabei dürfen wir konstatieren, dass ihre Homosexualität durch und durch von Archaik geprägt ist. Die sexuellen Rollen sind klar eingeteilt. Stets muss man eine lange Reise zum „verbuckelten" Berg machen auf sich nehmen und finden in dieser Liebe

keine Erfüllung. Warum ist das so? Wir erfahren nichts über die psychologischen Gründe ihrer Entstehung. Warum sind die beiden schwul? Diese Frage wird im Film zwar gestellt, und bewusst unbeantwortet gelassen. Es findet sich lediglich weniges psychoanalytisches Erklärungsmaterial. Anders wäre es, von einer rezeptionsästhetischen Erklärung auszugehen. Dem Mythos. Es ist kein Geheimnis, dass die archaische Epoche des Hellenismus homoerotisch geprägt war. Der Kampf mit dem Stier, hier in der organisierten Form des homosexuell erotisierten „Rodeo" (Hemingway) ist ebenfalls für die archaische oder gar präarchaische Kulturepoche signifikant. (Hemingway war kein Freund der Minderheiten.)

Sie realisieren durch die mehr als nur verbotene, weil kulturell damals nicht diskutierte (diskursive Leerstelle) Liebe, eine Einheit mit dem ubiquitären (allgegenwärtigen) und nicht besonders positiv besetzten O b j e k t (brokeback mountain), welches keineswegs in die Nähe der durchgeistigten schönen Natur der Romantiker und objektiver Idealisten zu rücken ist. Dieses Objekt ist spröde und hart, so schmutzig, dass es gefährlich ist, aber dennoch hält nur dieser Berg die beiden Männer miteinander am Leben.

Diese unzärtliche Natur, die für ihren fraglos aggressiv getönten Sex eine conditio sine qua non (sehr wichtige Bedingung) bildet, ist eine Natur, welche der menschlichen Kultur nicht per se fremd sein muss. Der Berg ist buckelhaft (brokeback) und somit antropomorph bezeichnet. Aus psychoanalytischer Perspektive sind ihre gelegentlichen Treffen Rückfälle (Regressionen) auf die prä-kulturelle Stufe der menschlichen Entwicklung. Es ist hier fraglich, ob diese matriarchal war. Wohl weisen die beiden Männer auch Unterschiede in variablen Gewichtungen auf: der eine repräsentiert eher den

sesshaften Sammler, der andere den umherzie-
henden Nomaden. In einem Mythos darf diese Bi-
valenz nicht sein, denn der Mythos ist ein Ergebnis
der Sesshaftwerdung. Aus der Perspektive des
Mythos handelt es sich um die Begegnung zweier
Abiturienten, welche eine Initiation durchlaufen
müssen, deren körperliche Gesundheit und Mobili-
tät in Folge durch archaisch- destruktiver Sportar-
ten (Rodeo, archaischer Stierkampf) geschädigt
worden ist, (siehe oben) die weder der Welt der
Natur, noch der Welt der Zivilisation angehören. Ihr
Schicksal ist wahrlich ein tragisches Schicksal, sie
stellen der Weltliteratur solche Zweiergestalten zur
Verfügeng, z.B. Macbeth und Lady Macbeth.

Der Trickster /Anti-Held ist nicht das absolute Böse.

Das absolute Böse ist fiktional nicht darstellbar.
Dann bereits das Wort beinhaltet ein Moment des
schöpferischen Gedankens. Daher kann das Böse
weder der Held noch der Anti-Held sein. Selbst Die
größten Schurken der Literatur tragen noch einen
Keim des Guten in sich und benehmen in dem
Moment, wo das Böse triumphieren sollte, oft zö-
gerlich, oft durch etwas etwas unkonsequent, und
dann siegt das Gute.
 Ihr Böses ist oft psychologisch begründet, das
Böse hat keinen Grund und findet keinen individua-
len Träger. (Zur überzeugenden Ausführung dieses
Gedankens siehe: von D.K. Rowling, Harry Potter
Romane.)
Der eine Held schlägt den anderen, und als Blut
fließt, schlägt seine Grausamkeit in Mitleid und
Fürsorge um, denn der eine Liebende spürt ver-
meintlich, aber für das archaische Bewusstsein

absolut gewiss, jetzt die nämliche Wut und das Unbehagen des schlagenden Liebenden. Sie sind nun archaisch vermengt, vermischt. Denn im Anderen sieht das archaische ich nur sich selber. Nachdem diese seltsame Symmetrie hergestellt wurde, wird eine Liebe installiert, die lange hält. Man steckte quasi kurz in der Haut des anderen und es war nicht angenehm. Mit welchem Selbstmitleid muss Nero auf die von ihm angezündete Stadt geblickt haben? Oder „Das ist ja nur zu deinem Besten," sagte der schlagende Elternteil. Dieser archaische Übergangsmechanismus ist aus der Sicht unserer Rechtsprechung zu verurteilen. Doch aus der Sicht des künstlerischen Bewusstseins, welches mehr und präziser den Menschen kennen muss, ist diese archaische Begebenheit sehr wichtig. Dies ist auch von der herausragenden britischen Psychoanalytikerin Melanie Klein als der reziproke Mechanismus der Aggressions-und Reparationstriebe in der Phase des frühen „oralen Sadismus" beschrieben worden.

Wichtig für uns ist die archaischere Phase, welche beide Bedeutungen der Lexeme synkretistisch komprimiert, amalgamiert vorkommen (Eco, Einführung in die Theorie des Zeichens) und deren Disambiguierung erst später, auf dem Feld und zeitlichem Verlauf der Kultur erfolgen kann.

So ist die normale menschliche Sexualität mit einem Hauch der Gewalt angefärbt, wie Freud bemerkte. Doch die Grausamkeit, welche die Menschen entwickeln können, kennt keine Grenzen. (Fragen Sie beim Landeskriminalamt nach.)

„Luitost" stammt systematisch gesehen aus dem Abschnitt, welchen wir mir „Initiation" überschrieben haben. Hier blickt der Mensch dem An-Sich-Fremden, dem Tod ins Auge.

Hier ist alles Böse anzusiedeln, das uns in Form von Filmen und Phantasy-Romanen präsentiert wird. Die Helden dieser Literatur sind meistens Heranreifende Menschen, welche die Initiation nicht durchlaufen haben und nicht gelernt haben, wie man sich als Erwachsener benimmt. Hier finden wir die affektiv gestörte Mörderin Narzissa Lestrage und die Schurken der Aventiure-Romane der Arthus-Saga. Wir finden hier den alten Zauberer Saromar aus dem „Herren der Ringe," welcher trotz hohen Alters und technischen Wissens um Magie keine menschliche Reife erlangt hat. Der „überflüssige" Vater, dessen man sich als aufsteigender Sohn zu entledigen trachtet findet sich auch in der Kurzgeschichte „Zwei Ehrgeizige" von Thomas Hardy wieder. Auch Dostojevski, Turgenev („Väter und Söhne") wie auch Kafka bearbeiten das Motiv des „outclassed father" in „Die Brüder Karamasoff" und „Brief an den Vater," sowie „die Verwandlung." Erst der stabil-relationale (extratemporäre) triadologische, man möchte fast sagen: legale christliche Passus der Liebe zwischen dem Vater und dem Sohn, das nach der entfalteten begrifflichen Seite ein Geheimnis bleiben muss, ermöglicht den Untergang dieser prekären Spannung zumindest im Geiste. Nach einem neuen Tabu ruft Caesar im Augenblick seines Todes und besiegelt es zu gleich: „et tu, mi fili?" Der Gatte der Natur, welcher getötet werden muss, solange er noch gesund und kräftig ist, mit unbestimmt vielen Frauen wird als Trope von nun an tabuiert. Der objektive Mythos wird durch den Mythos der *autonomen Familie* abgelöst, bleibt aber als deren Schatten erhalten.

Der Vater wie auch die Mutter als biologisch- faktische, kausalgesetzliche Abstammungsprinzipien werden unantastbar, archaische Gesetze, die wir oben beschrieben, sind unwirksam, sobald das Dekalog (Die 10 Gebote) mit den die griechisch-römisch-keltisch-etruskische Kulturen eingeführt wird. Das sardonische Lachen ist vorbei. Die Person wird geboren, welche zwar den Mythos nicht mehr ganz lebt, diesen gleichwohl phasenweise lebendig erinnert.

Das Alte Testament und der Anti- Mythos

Wussten die Autoren des Heiligen Buches etwa nicht, dass das Weibchen das Männchen nach der Paarung tötet? Wussten sie nicht, dass der stärkere, der bösere, der listigere siegt? Wussten die Autoren des Heiligen Buches nicht, dass das menschliche Alter mit 33 Jahren bemessen ist? Genau das wussten sie und hier begann etwas Unerhörtes. Sie fingen an, die olympische Norm zu überbieten. Und zwar beinahe ins Maßlose. 700 Jahre war völlig normal für die ersten Bibelcharaktere. Was uns oft im Alten Testament gleich zuerst auffällt, ist das hohe Alter der Helden. Man spricht vom „biblischen Alter." Nun, hier können wir den Gedanken nur ansprechen, dass das Alte Testament bewusst und teilweise polemisch heidnisches mythologisches Wissen, wie wir es dargelegt haben, umkehrt und übersteigert, im höchsten Sinne verballhornt und sich darüber lustig macht. Hier tritt Gott als ein Über-Trickster auf. Er legt seinem Volk Gebote auf, von denen Er im Voraus weiß, dass dieses sie nicht wird halten können.

Haben wir durch die Vorstellung des Besens geschrieben, dass es sich um die Herstellung des Bleibe-Ortes ging, so finden wir im Alten Testament die Verachtung jedes Bleibens. Nomadenvölker bevorzugt. Ein Bleiberecht scheint etwas ephemeres und flüchtiges dort zu sein und letztlich ist es überhaupt kein Recht. Im Alten Testament fanden wir ein umgekehrtes Bild bei Abraham, als dieser, einer Stimme Gottes folgt und bereit ist, seinen einzigen und spät geborenen Sohn Isaac JAHWE zu opfern. Im letzten Moment wird er davon von

Gott oder seinem Engel abgehalten. Auch hat er seinen Ort des Bleibens verlassen und sich auf Wanderschaft begeben und dies war gleichzusetzen mit dem Tod. Letztendlich fordert ein gewisser Christus noch mehr von uns. Alles müssen wir abgeben, um ihm zu folgen. Ich erwähne es nur nebenbei. Schließlich findet die Mythologischen Tropen letztlich im Selbstopfer Gottes. Nach der durchaus mythisch-heidnischen Auferstehung erfolgt eine zweite absolute originale Auferstehung, die Himmelfahrt, welche so das Axiom des Mythos, die zyklische, wiederkehrende aber auch dialektische 50 Zeitauffassung durchbricht. Auf das Leben folge nicht mehr der Tod, sondern ein anderes, nicht gekanntes Leben. Ist in der Religion dieser Mythos entschärft, bleibt diese Spannung der Generationen aber im Profanen bestehen, denn wer *glaubt* schon? Fragen Sie Kierkegaard. Niemand glaubt. Doch jeder ist abergläubisch. Gott ist tot, entscheiden Sie selber. Das Zyklische als das Abwechseln vom Leben und Tod findet sich als Wiederholungstrieb bekanntlich auch in der Psychoanalyse. Denn mit dem neuen „Gatten der Natur" passiert genau das gleiche, wie mit dem alten. Der Bräutigam seiner Tochter „setzt" ihn ab und tötet ihn in einem unaussprechbaren mystischen Sinne. Dieser Kreislauf setzt sich kreisförmig fort. Das Märchen, welches als spätere Gestalt den Mythos in seinem Untergang beerbt, gibt Auskunft über zahlreiche Vermeidungsstrategien des Vaters, seine Tochter nicht zu verheiraten. Er sperrt sie bereitwillig in einem Turm ein (Rapunzel) und denkt sich verwickelte Fragen an den Bräutigam aus, um die Tochter auch nach seinem Tod möglichst lange an einer Heirat zu hindern („Der Kaufmann von Venedig," wobei hier der lebensbegierige Vater ironischerweise bereits tot ist.) Zuweilen ist er sogar bestrebt, seine Tochter selbst zu heiraten; er selbst möchte noch weiterleben, indem er die Heirat seiner Tochter verhindert. Im Besonderen, also im künstlerischen Bewusstsein ist dieses archaische mythische Wissen präsent und kann mit rezeptionsästhetischem Erfolg verwendet werden. In der Pop-Kultur schlägt sich dieses Wissen explizit z.B. nieder in dem Film „Meine Braut, ihr Vater und ich" mit Robert DeNiro in der Hauptrolle. Exkurs: Die sexuelle Potenz des „Gatten der Natur" bleibt durchaus auch heute ein Attribut eines erfolgreichen Politikers oder Politikerin unserer Gesellschaft. Er wird mit guten Ernten, Märkten und Abwehr von Seuchen und Naturkatastrophen in Verbindung gebracht. (Concordia domis fores pax)

Seine Logik ist weiterhin patriarchal und die Frau erfüllt weiterhin eine patriarchale Rolle. Unsere Kanzlerin war empört, als Papst Franziskus verlautbaren ließ: „Europa sei eine fruchtlose alte Frau." Sie nahm es auf ihre Kappe und der Beweis ist, dass sie den Papst anrief und ihm am Telefon die Leviten las."[xii] Man studiere die Tagespresse.

Sie oder er bleibt „der Gatte der Natur," (wieso sollte unsere Kanzlerin denn so empfindlich reagiert haben? Der Papst hat von „Europa" gesprochen) und abserviert kaltherzig alle möglichen fähigen Anwärter auf den „Thron."

Gleichzeitig wird durch unser kollektives, archaisches Unterbewusstsein die Schuld an den aktuellen Katastrophen auf die führenden Politiker oder Politikerinnen **gewälzt**. Man erwartet nur von ihnen Trost in dem kollektiven Schmerz und macht sie gerne für alles schlimme verantwortlich.

Ich bewerte dieses Verhalten nicht, ich konstatiere nur, dass ein solches Verhalten durchaus geläufig ist.

Als es 2012 in Russland zu Überschwemmungen kam, wurde Putin von einer Betroffenen fast handgreiflich zur Rede gestellt: die Regierung müsse

helfen und zwar möglichst schon vor der Katastrophe. Dabei ist seine oder ihre tatsächliche Fähigkeit, einem Land vorzustehen, von einer geringeren Bedeutung. In der Literatur finden sich zahlreiche Beispiele für diesen Sachverhalt. In Puschkins: „Boris Godunov" wird der als illegitim bezeichnete Herrscher, der also die befruchtende Funktion des Gatten der Natur nicht ausführen kann und dazu noch Ivan den Schrecklichen umbrachte, der Ermordung seines künftigen Schwiegersohnes Johann von Dänemark (1583-1602) beschuldigt. Als Strafe hierfür wird antizipiert, die Hungersnot sei dieser archaischen Übertretung zuzuschreiben. Er hätte die Macht an den Jüngeren dänischen Schwiegersohn übergeben sollen, wie dies z.B. König Lear vorgemacht hat. (Ob Shakespeare eventuell die Geschichte kannte?) Dabei ist irrelevant, was der Zar zur „Wiedergutmachung" tut. Die archaische Strafe kennt keinerlei Wiedergutmachung, hört keine Buße, erkennt keine Reue und erteilt keinerlei Abbitte. Es ist ebenfalls unrelevant, dass der Zar zum christlichen Diskurs appelliert und die Hungersnöte und Feuerbrände als Entscheidung des monotheistisch tradierten Gottes hinzustellen bemüht ist: „Der Herr entsandte Hungersnot auf Erden, das Volk schrie auf, vom Leiden überwältigt Ich öffnete die Kornesspeicher auf. Sie allerdings verfluchten mich, als wären sie besessen. Das Feuer raubte ihnen ihre Wohnungsstätten Ich baute ihnen neue Häuser dann, Sie allerdings verfluchten mich, als wären sie besessen."
Die Zeiten vergingen. Die sakralen Könige wurden meistens dann nicht mehr geopfert. Auch mussten sie sich nicht den Scheintod unterwerfen. Stattdessen entstand die Figur des Narren-Königs, welcher dieselben Attribute trägt, wie der „echte" König: einen Kranz, welcher stets auch das sakrale Opfer

versinnbildlicht und rote Kleidung, als Zeichen des blutigen Opfers.

Der von den Revolutionären gefangengenommene König von Griechenland (ein Onkel von Prinz Philipp von Großbritannien), über welchen Ernest Hemingway in seiner Kurzgeschichte: „L'enwai" schreibt, befindet sich unter Hausarrest. Hemingway beschreibt die Szene mit einer bewussten, fast karnavalesken Ironie. Er schreibt:

„Der König arbeitete im Garten. Es schien so, als ob er sich ob meines Erscheinens freute. Wir spazierten durch den Garten. „Hier ist die Königin," sagte er. Sie schnitt einen Rosenstrauch zurecht. „Guten Tag," sagte sie. Wir nahmen unter einem großen Baum Platz und der König befahl, Whiskey mit Soda zu servieren. „Guter Whiskey ist bei uns noch vorrätig," sagte der König. Er sagte mir, dass das Revolutionskomitee ihm nicht erlaubt, den Platz des Palastes zu verlassen. (...)"

Wir waren sehr vergnügt. Wir sprachen lange. So wie alle Griechen, wollte der König nach Amerika gelangen."
(Ernest Hemingway. L'enwai, Übers. d. Verf.)[xiii]

Es ist zu fragen: weshalb wirkt die Szene karnavalesk? Was ist hier lächerlich? Wir sind es gewohnt, den König anders zu sehen. Der König ist im Grunde genommen ein Säugling, welcher andauernd genießt und selbst in Momenten, wo unsereiner vor Scham im Boden versinken würde, absolut fröhlich bleibt. Michel Foucault erwähnt, dass der Monarch derjenige ist, der seine Notdurft vor den Augen aller verrichtet. Hier sehen wir einen König, der arbeitet. Doch wir können seine Tätigkeit nicht wirklich ernst nehmen. Sie verweist uns natürlich an einen römischen Herrscher, der zu Ende seines Lebens im Garten Weißkohl anbaute, doch entscheidend ist auch hier: der König ist nackt. Seine Nacktheit, welche immer schon sein Attribut war erscheint hier in einer herzzerreißenden Ansicht, sie erscheint hier als seine Schwäche und rührende Schwäche. Der Onkel von Prinz Philipp wurde ja gerade von den kommunistischen Revolutionären Griechenlands entmachtet. Wir sehen daran, wie der Mythos vom Gatten der Natur hier gerade im Verschwinden begriffen ist, der König ist nicht mehr effektiv als Gatte der Natur, da er real mit ihr beim Rosenschneiden in Berührung kommt.

Er muss also ersetzt werden durch die Macht der Räte.

Phobien und Mythos (de serpentibus) Viele der psychischen Phobien sind ein Problem für die heutige „kleine" Psychiatrie. Viele Phobien enthalten eine irrationale Angst vor kleinen Tieren und Insekten, vor denen bzgl. des jeweiligen Wissenstandes des Patienten keine wirkliche Bedrohung ausgeht. Wohl ist eine Angst vor Schlangen keine Phobie, weil sie rational zu sein scheint. Doch wie steht es mit kleinen, aber sichtbaren Fischen und Insekten? Es ist keineswegs rational, vor ihnen Angst zu haben. Welche Lösung bietet der Mythos in dieser Sache? In manchen Märchen wird eine Schwangerschaft durch den zufälligen Kontakt mit dem Mund, der Hand, dem Ohr oder dem Auge ausgelöst (s.o.) Freuds Überlegung, es handle sich um eine Verzerrung des Wunsches nach dem Phallus in der Partiallust durchaus nicht grundlos. Es sind Ängste bezüglich der ungewollten Schwangerschaft. Sie finden sich bei den Mädchen häufiger als bei den Jungen, wobei Jungs solche Ängste oft genauso durchstehen müssen. Wir müssen nur die Märchen aufschlagen. Wir finden oft, dass die Königin dann schwanger wird, wenn sie einen nicht

ganz eindeutig kulturell (symbolisch) aufgearbeiteten Gegenstand zu sich nimmt. Dies kann ein Fisch (oder eine kleine Schlange) sein, oder aber ein ikonisches Zeichen (Synekdoche) der Bedrohung durch die Schwangerschaft. In den Märchen der „1001 Nacht" findet sich ein Märchen mit dem Titel: „Die Kinder des Schädels."
Von einem anderen Übergangsobjekt, nämlich dem Mond, lässt es sich auch schwanger werden, und vor allem lässt sich das gut in der Pop-Kultur verarbeiten: („Hijo de la Luna") Zahlreiche Anekdoten über die sizilianische Mafia zeigen, dass der Fisch als Symbol des Todes fungieren kann. „Er sei bei den Fischen." Ebenso ist er auch das Symbol der Auferstehung und der Geburt der Seele in einer neuen Eigenschaft. Sind eventuell die Verbote, Totes anzurühren welche im Leviticus des Alten Testaments ausgeführt werden etwa keine Sanktionen der bestehenden heidnischen Bräuche, Totes in sich auf zu nehmen, um wiedergeboren zu werden? Der Mythos lehrt uns, dass nicht die ganze Kultur einheitlich ist.

Der desemantisierte, abgespaltene Doppelgänger (de simibili)

Fällt eine Erzählung oder ein Theaterstück in eine strukturdefiziente[4] Epoche, (Freut nannte diesen Umstand in seinem Aufsatz: „Jenseits des Lustprinzips," wird Schmerz als Lust empfunden. Der Mensch weiß nicht mehr, was er will. Um noch irgendwo Lust zu empfinden, taucht in der Literatur das sich durch viele Bücher wiederholende Sujet

---

[4] Theodore Millon. Bissocial learning. Structurally defective personality disorder. New York: 1983.

des Seelenverkaufs und der Zerstückelung und der Ausweidung des Leibes auf. Faust und Mephistopheles tauchen auf.

Der Trickster taucht oft als Doppelgänger auf. In einer Epoche, wo der Held nicht mehr als er selbst genießen kann. Sagen wir mal so, im Barockzeitalter war der Mensch im Wunsch des Genusses mit sich eins.

Doch bereits im 17 Jahrhundert wird Marquis de Sade gezeugt, am Ende des Jahrhunderts werden Chevalier DeGrieux und Manon Lescaut geboren. Bereits jetzt ist der Held nicht mehr nur äußerlich, sondern innerlich gespalten, von seinen Möglichkeiten entgrenzt.

Man könnte vermuten, dass wir immer noch massiv in dieser Epoche

stecken. In ihr ist die Archaik schwer von der Moderne zu unterscheiden.

 Der Mensch kann, wie immer es sei, als res cogitans, als eine intakte Sache

 (res oder ἰδέα, Idee) nicht existieren.

Als literarische Kraftlinie erscheint der Doppelgänger in mehreren Aspekten. Einige möchte ich ansprechen. Erst einmal müssen wir daran zurückdenken, was wir zu Anfang gesagt haben. Der Doppelgänger desemantisiert unser Selbst, er spaltet es. Wir haben verstanden, dass das hochtrabende Wort „Desemantisierung" einfach Aufspaltung, Verdrängung, Zerlegung, mechanische Ordnung, Verleugnung und Verwerfung bedeutet.

Das kommt in mehreren Formen vor:

Die Abspaltung der Seele (fissio animi/animae)

Das Ego und die Seele trennen sich. Als Beispiel ist natürlich das Dorian Grey zu nennen. Während das Ego ein unmoralisches, gewissenloses Leben führt, leidet seine Seele als Porträt auf der Wand. Dorian, ein junger Mann von solch feiner ethischer und ästhetischer Struktur zu Beginn, windet sich nachts vor Angst: der Schatten der von ihm ermordeten Sibille Wayne verfolgt ihn. Seine Angst ist nicht unbegründet, ihr Bruder ist hin ihm her.

Wenn ein Treffen stattfindet, wenn Dorian sein Portrait an der Wand sieht und zerstört, erleidet das Selbst den Tod.

Die Abspaltung des Egos (fissio mei)
Ein Charakter trennt sich auf in sich und seinen Doppelgänger, seine archaischen Schatten Z.B. in Dostojewskijs „der Doppelgänger," spaltet sich der „glückholde Herr Galyadkin" in den „unglücklichen Herr Galyadkin." Das abgespaltene Selbst macht Karriere, wird reich und erfolgreich. Ein Teil übernimmt die Herrschaft über sein ganzes. Dabei werden das Subjekt und sein Abbild ontologisch vertauscht und verkehrt. Dieses ist ein archaischer Mechanismus. Der Wegfall der Kausalität (Reihenfolge Ursache und Wirkung, welche wir oben in den Kategorien darlegten ist ein klares Indiz für einen archaischen Mechanismus oder Funktionsmuster.
Dmitrij Bykov erwähnt die Novelle: „die Nase" von Gogol. Ein Beamter verliert die Nase, aber die Nase erweist sich als wesentlich erfolgreicher, als der Beamte selbst.
Auch hier ist ein Zusammentreffen nicht machbar. Die Semantisierung ist also hier tödlich.

Killing your darlings
Weitere Varianten sind denkbar. Z.B. kann das Ego ein schönes Leben führen, aber die Seele macht

eine Reise, wo sie Leid erfährt. Gehen wir in uns: wenn wir jemanden verstoßen, ob in der Liebe oder sonst wo, dann laufen wir Gefahr, dass dieses Etwas Leid erfährt und uns einholt, um sich zu rächen. Da es sich um unsere Seele handelt, wird die Rache nicht zwangsweise durch den betreffenden Menschen kommen.

Wir empfinden für diesen Seelenmord ein Gefühl der furchtbaren unbewussten Angst. Da im Christentum ein Tod der Seele dogmatisch ausgeschlossen ist, wird die Seele zwar geschunden, aber sie bleibt bestehen. In der Literatur ist es anders. Kaum geben wir unser künstlerisches Talent auf und werden stattdessen Copywriter, schon winken der Erfolg und das Geld. Wilde hat dafür schreckliche Worte auf Lager: „Wir töten alle diejenigen, die wir lieben."

Denn eine Vereinigung, Semantisierung ist tödlich. Z.B. ist an das Dickensche Märchen „Prinz und der Prügelknabe" zu denken oder an den „Mann hinter der eisernen Maske."

Der Doppelgänger fällt mit der Phase des Spiegelstadiums von Lacan zusammen. Das Individuum erkennt nicht den Anderen als Anderen, sondern den Anderen als sich, während sein ich ganz vom Anderen absorbiert ist, so dass nur ein kleiner, fetisch-ähnlicher Rest zurückbleibt. Er kann sich nicht wirklich psychisch von ihm abgrenzen.

Viele unstabile Beziehungen sind auf diesem Muster gebaut. Manchmal, durch einen absurden Zufall, erkennen die Partner ihre Gesichtszüge im Anderen und tun damit einen winzigen Schritt auf die Erkennung der Person des anderen.

Aber der Doppelgänger der Seele ist eine furchtbare Gestalt, von welcher man sich in Acht nehmen sollte. Wir haben nicht umsonst von dem charmanten Psychopathen gesprochen und die ganze Psychiatrie zitiert: gerade sein Charme lässt uns vergessen, dass es sich um einen Anderen handelt. Er mag innerpsychisch gespalten sein und von den philanthropischen Psychiatern bemitleidet werden, in welchen er innigste Advokaten findet.

Aber diese Bestie lauert mit seinen Blicken auf sein Opfer.

Man hüte sich vor prototypischen Bildern: Hannibal Lecter ist natürlich so ein Typ, er ist der Doppelgänger der Agentin, ihr höheres Ich, ihr Schatten und ihr Geist und ihre einzig wahre Liebe.

Doch hätte sie einen Fehler gemacht, irgendwo sich korrupt gezeigt, hätte Lecter sie aufgefressen.

Entscheidend ist, dass der Betroffene die Grenze zum Anderen, zum Geliebten zu spüren aufhört. Er verschmilzt mit ihm.

Einen tragischen Fall finden wir bei Oscar Wilde und den jungen Lord Alfred Douglas (Bosie)

Mythos und Älterwerden (de tempore)

Der Mythos diktiert bestimmte Lebensübergangsphasen, angefangen mit der Geburt, und endend mit dem Tod: (oral (phallisch), anal, genital, die mit psychosozialen Prinzipiellen wie Abhängigkeit, funktionelle Gewandtheit, Hingabe und Selbstbestimmung einhergehen. Sie gehen dynamisch auseinander hervor.

Klar ist seit Lacan, dass sie nicht „evolutionär" auseinander hervorgehen, sondern man kann in einer der Phasen steckenbleiben oder jederzeit lang oder kurzfristig darauf zurückfallen.

Kindheit bis ca. 11 Jahren, Latenzzeit und die Initiation mit 14 -16 Jahren, das Wolfsalter bis ca. 27, die Zeit der Reife bis 33 Jahre. Danach ist der Mensch ein alter Mensch. Im Mittelalter entsprach das der Lebenserwartung.

Der vor-biblische Mythos behauptet, dass das gesamte menschliche Alter mit 33 Jahren bemessen ist. Bei der Frau sei es etwas länger und bemisst sich bis zu den Wechseljahren.

Die orale und die analen Phasen interessieren den Mythos herzlich wenig. Entweder das Kind überlebt und kommt an die Initiation-Möglichkeit, oder es kommt um. Vor der Initiation ist das Kind noch kein Mensch. So furchtbar das für uns klingen mag. Doch um zur Initiation zugelassen zu werden und diese zu bestehen, müssen orale (Vertrauen, Urvertrauen) und anale (Geschicklichkeit in der Verwendung der Hände und ihrer Koordination) Mechanismen gut entwickelt sein. Sprache und Schweigen, sowie manuelle Geschicklichkeit, sowie Körperkoordination und Körpergefühl müssen gegeben sein. Daher wird die Kindheit im Mythos auch nicht fixiert. Der Held des Mythos wird quasi erwachsen geboren. Seine psychologischen Eigenschaften als Held, nämlich Stärke, Mut, List etc. müsste gerade diesen Umstand verdeutlichen. Vielmehr gab es bei den Ägyptern den Topos des scheinbaren Tods des Pharaos, den wir oben diskutiert haben. Der Pharao stellte sich tot, als er merkte, dass er schwächer wurde. Er imitierte das Sterben und den Tod, dann lag er einige Tage wie tot rum und stand irgendwann auf und lief eine bestimmte Strecke. Die Ägypter feierten die Wiedergeburt des Gottes.

In scripturis. (Die Bibel: der Feind der Archaik)

„Die Bibel, (u.a. das Alte Testament der Christen) stellt gewissermaßen einen Anti-Mythos dar. Das Buch ist mytho-phob. Oder wollen wir sagen; „das Alte Testament ist selbst ein Gegen-Mythos? ein Wink der Moderne, ja die Geburt der Moderne? Lange Zeit hat die Katholische Kirche das Studium des Alten Testaments den Laien verboten. Und immer noch stoßen wir mancher mal bei dem Versuch, die Bibel literaturwissenschaftlich auszulegen auf betretenes Schweigen.

Wir erinnern uns aber, dass das Alter zu Beginn der Bibel oft mit Jahrhunderten bemessen wurde."

Sie hob den Finger, wie Platon auf dem Fresko von Raphael.

„Vermutlich ist das aus Polemik gegenüber dem heidnischen babylonischen Mythos der zentralasiatischen Steppenvölker entstanden, den wir oben in seinen Ausläufern skizziert haben und das Alter der Frau mit ca. 40 Jahren (Helena von Troja) und das Alter des Mannes mit 30 angaben. Danach und davor starben die meisten Menschen.

Das Alte Testament stellt die ganzen heidnischen mythologischen „Universalien," die wir polemisch oben skizziert haben, auf den Kopf.

Wenn doch im Mythos ausnahmslos der Stärkste und der Listigste siegt, siegt bereits im Alten Testament der schwächste und der jüngere. (Abel, Jakob, David, Jesus, etc.) Mit dem Älteren hat Gott ständig Zank und da das Prinzip des „Primogenitur," (das Erstgeborenen Recht, Anm. d. Verf.) weiterhin gilt, wurde Adam nur die individuelle Seligkeit zuteil, Evas „Samen" aber sollte die Schlange „in die Ferse beißen," (auch hier finden wir den Fuß) also Satan selbst besiegen.

Kain war älter als Abel, vielleicht signifiziert er die Zeitperiode des Ackerbaus und Abel repräsentiert die nomadisierende Lebensweise.

Gott war kein Vegetarier und hat den Schäfer Abel in sein Herz geschlossen und nicht den ersten, Ackerbauer Kain.

Die Liste ließe sich so weiter fortsetzen. Auch bei Isaac und Ismael, Jakob und Esau, sowie diejenigen Nicht-Israeliten, die über das Erstgeborenrecht (Primogenitur) verfügten (z.B. die Ägypter) ließ JAHWE sogar gänzlich ausrotten. Werden doch für die normalen Heiden die Alten sinn und wertlos, so werden sie im Alten Testament aufgewertet. Werden die Sonne, der Mond und die Sterne und die Tiere als Gottheiten verehrt, so werden sie im Alten Testament zu bloßen „Beleuchtungssystemen," denen keine Verehrung mehr gebührt und diese werden den Menschen dann zwar nicht wie die Erde zur Herrschaft übergeben, doch wird ihre Verehrung indirekt untersagt. Dies stellte schon Buridan fest, indem er das aristotelische Konzept der „anima mundi" (Weltseele) ablehnte und eine sog. Impetus- Lehre entwarf. Hinter den Gestirnen und den Geschöpfen stünde jetzt nichts lebendes mehr außer Gott allein.

Wird bei den Heiden keine Gnade gekannt, und ein Vergehen mit geringerer Tragweite mit dem Tod bestraft, wo „das Leben eines „Meiers" besser sei als das Dasein im Jenseits einer toten Königsseele." Sie schickte sich wieder zum Zitat:

„Preise mir jetzt nicht tröstend den Tod, ruhmvoller Odysseus. Lieber möchte' ich fürwahr dem unbegüterten Meier, der kümmerlich lebt, als Tagelöhner das Feld bauen, als die ganze Schar vermordeter Toten beherrschen."[xiv]

so verhält es sich bereits beim Judentum, das natürlich vieles von den Ägyptern übernahm, anders. Dort gilt „Auge um Auge."

Die Person wird zunehmend aufgewertet, die Totenruhe ihres Körpers in seiner Integrität soll ewig währen, was durchaus alles andere als archaisch ist, sondern ein absolutes Ernstnehmen der Person, wie bei uns auch sozusagen.

Der Mensch bemüht sich mit allen seinen geistigen Kräften den Mythos, dessen Elemente wir oben verstreut beschrieben haben zu überwinden. Er tut recht daran, doch wenn wir den Mythos im globalen Sinne verlieren, werden wir es nur mit Maschinen zu tun haben.

Ich möchte, sagte Sophia, einen Vorfall erwähnen, welcher einem Schüler von mir passiert ist. Ich weiß nicht, ob das hier hineinpasst. Zwei junge Menschen kamen ins Haus des Anderen. Sie waren beschwingt, die Leichtigkeit des Seins hat sie an diesem goldenen Tag mitten im September überwältigt. Sie schienen aufeinander gewartet zu haben. Als sie in die Wohnung kamen, nahm einer das Porträt seiner Freundin hoch, doch das war nicht i h r Porträt. Es war das Porträt ihrer früh verstorbenen Mutter.

Man kann sich vorstellen, dass das Date weiter ungeschickt verlief, jeder Zärtlichkeits-Vektor traf nicht sein Objekt und kurz darauf verließ das Mädchen den Jungen. Wäre der Junge im Mythos mehr geschult gewesen, würde er wissen, dass im Hause des Anderen man wie in einer anderen Welt mit ihren eigenen Gesetzen sei. Man dürfe dort nichts essen, (altgriechische Mythologie), nichts berühren und nicht sprechen (keltische Mythologie) und nordische Mythologie (Lohengrin) Denn dann wäre er vielleicht ins Herz des Mädchens vorgedrungen, was er leider nicht tat."

Die Augen von Sophia wurden feucht, sie betrachtete nun eingehender die Sterne.

Schließlich deklamierte sie: „Doch der Mythos bleibt ständig sein Begleiter aus dem Reich der Schatten."

Man sah, dass Sophia sehr von ihrer langen Rede erhitzt war und ich wagte nicht, ihr Fragen zu stellen. Aber man applaudierte. Unterdessen hatte sich ihr Hustenanfall gelegt und sie machte sich an einem weiteren Spieß mit Lammsleber zu schaffen: „Und, Bruder Tulius" sagte sie endlich zu mir: „Man betrügt unsereinen Schuft, weil er nicht die Wahrheit hören kann, so betrügen wir ihn eben auch."

„Schmeckts?" fragte ich?
„Endlich" antwortete sie.

„Sie, Sie haben doch mit den Kommunisten gleiche Sache gemacht, oder etwa nicht?"

„Ja, und jetzt auch," antwortete sie gleichgültig und weise.

„Ich, ich will mit Ihnen nichts zu tun haben! Annuntiata, ich bin dann mal weg. Macht euch keine Sorgen."

Ich lief weg von dieser Marxistin, erfrischte mich im Meer, zwei Italiener fragten mich, wo man hier am besten Fisch bekommt. Sie hielten mich für hart arbeitenden Kellner. Ich freute mich. Wie ein junger Schornsteinfeger lief ich hinaus, den Strand entlang, zu dem Leuchtturm von St. Marco und sah die Steine und die Anlegestelle für Boote. Es war sichtbar über Mitternacht und die Fähre nach Capri würde erst um 7 Uhr morgen kommen. Ich stand und blickte in die Ferne, vermutlich sah ich Capri in einigen Sonnenstrahlen, welche an der Erdatmosphäre haften blieben.

Plötzlich kam ein kleines Boot heran. „Ciao Luigi," sagte der Kapitän. „Ciao Mario, wollte ich sagen, aber ich begriff wie ernst es mit mir war, weil ich die Steine nicht mehr spürte.

Ich sagte also: „Ciao giovanotto," „Que la notte e bella!"

„Ja, willst du mit nach Capri?" Ich dachte nach und nichts sprach dagegen. Diese Steine könnten sonst mich auf unsaubere Gedanken bringen.

„Ja, Giovanotto, bring uns nach Marina Grande." Ich stieg ein und das Boot düste los. Mein Fahrer, sein blauer Wollpullover roch nach tiefem Meersalz, ich hörte parallel zum Strand von Santa Maria, dass am Haus meiner Gastfamilie ein kleiner Wagen vorfuhr und umständlich hupte. Wozu brauchte Sofia nun einen Mercedes?

Ich sah zum Himmel, die Sterne mit ihren immer anderen Formationen, ich sah Gott und sah ihn nicht, hohe Wolken und die Milchstraße. So als würden die Himmelbewohner, die ich sah, einander etwas zuflüstern, in etwa wie Kinder, die einander etwas ins Ohr flüstern. Nichts konkretes, sondern lediglich das Geheimnis der gesamten Schöpfung, das Geheimnis ihrer Existenz, das Geheimnis des hiesigen Weltlaufs, das geheime Netz der Straßen, welche unserer Welt ein Gesicht geben.

Ich sah es, ich fühlte die schnelle griffsichere Bootsfahrt, Giovanotto schaute konzentriert in Richtung Sizilien und bald schon würde die Schöne aus dem Golf von Neapel wieder mit uns tanzen.

Während Sophia alles aufaß, und den Aioli mit einem Stück Ciabatta aufsammelte, fuhr draußen

jener kleine Mercedes vor. Der Fahrer betätigte drei Mal leise die Hupe. Hannah Sophia sagte:
„Meine Lieben, Ihr seid mir alle so ans Herz gewachsen diesen Abend. Ich weiß nicht wie ich dafür danken soll? Ihr glaubt nicht, dass ich euch alle so liebe," sie begann uns im Kreise zu küssen und uns an ihre nicht unbeträchtliche Büste zu drücken, so dass Hannah und Annuntiata auch die Tränen kamen. „In einer Freundschaft ist man sich niemals quitt," sagte der Mann unserer Gastgeberin und versuchte erfolgreich, sich die Rührung nicht anmerken zu lassen. Sehr gerührt sagte Sophia: „leider habe ich Euch kein Gastgeschenk gebracht. „Oh," doch, doch" beeilte sich die Gastgeberin zu bekräftigen und Judith nahm ihr Armband ab und legte es Sophia an das Handgelenk.

Sophia umarmte alle noch einmal und zündete ihr seltsames sowjetisches Zigarillo, ging langsam zum Mercedes ihres Schülers, während sie innerlich alle anderen zu umarmen versuchte und diese Nacht kein Auge trocken blieb.

Nachts, so sagte man später, wurde ihr Zustand ernst, man fürchtete um die Lunge.
Allerdings hat eine kalte Sepsis, anderes war nicht zu sagen, gegen morgen das Herz in kurzer Zeit mehrfach ergriffen. Sie quälte sich mit schwarz-violetten Gesicht die ganze Stunde des Sonnenaufgangs und des Morgens. Nur in der späten Mittagszeit verschied Hannah Sophia unter furchtbaren Qualen. Annuntiata, die dabei war, sagt, Hannah Sophia hatte die Schwierigkeit, ihr Leben loszulassen und immerzu in Ohnmacht viel, während

129

sie mit entkräfteten Händen Halluzinationen zu vertreiben suchte. Kein katholischer Geistlicher kam mit den Sakramenten.

So endete auch die letzte Vorlesung einer Frau, welche nicht unbeschadet durch die Widrigkeiten der Zeiten gegangen ist, von wem ein wohlwollender Chronist gesagt hätte, dass sie „die Liebe als Waffe und Humor als Schild" gebrauchte.

Trotz ihrer Liebe zu Italien wurde ihr Leichnam zurück nach S. überführt und dort beigesetzt.

Literatur

[i] Eco, Umberto. Sämtliche Glossen und Parodien. München: 2002, S.288 ff.

[ii] Augustinus. Confessiones. (Bekenntnisse.) 1. Buch.

[iii] **Freud, Sigmund**. Die Abwehr-Neuropsychosen. Gesammelte Werke Band I, Frankfurt: 1953. Seite 57.

[iv] Freud, Sigmund. Psychoanalytische Bemerkungen über einen autobiographischen Fall von Paranoia (Dementia paranoides.) Wien: 1911.

[v] Theodore Millon. Bissocial learning. Structurally defective personality disorder. New York: 1983.

[vi] Menninger, Karl. Die Psychoanalyse des Selbstmords. Frankfurt: 1989.

[vii]Francoise Dolto. Der Fall Dominique. Frankfurt: 1979.

[viii] Rituale Romanum, Pauli V Pontificis Maximi iussu editum aliorumque Pontifum cura recognitum atque ad normam Codicis Irus Canonici accommodatum, SSMI D. N. Pii Papae XII auctoritate ordinatum et auctum. Typis Polyglottis Vatikans A.D. Romam: MDCCCCLIV.

[ix] Kundera, Milan. Das Buch vom Lachen und Vergessen. Wien: 1992. S .164-165.

[x] Shakespeare, William. The Tragicall Historie of Hamlet, Prince of Denmarke. London: 1604.

[xi] Kristeva, Julia. Die Kräfte des Schrecklichen. Moskau: 1993. S. 36-67.

[xii] https://www.mainpost.de/ueberregional/politik/zeitgesch ehen/merkel-liest-dem-papst-die-leviten-art-9117758. 03.08.2021. 14.49.

[xiii] Hemingway, Ernest. In our time. E'envoi. Chicago: 1925. S.149 ff.

[xiv] Homer. Odyssee. Elfter Gesang. Vers 489. Altes Griechenland: 850 v. Chr. Übers. von Voß, Projekt Gutenberg. 2021.

Literatur

Saxo Grammaticus. Gesta Danorum. Hrsg. Voon Hans Jürgen Hube. Wiesbaden: 2004. S. 193 ff.